AF453557

FILETS DE PÈCHE

FABRICATION ET EMPLOI

DES

FILETS DE PÊCHE

EPERVIERS, VERVEUX, ECHIQUIERS, SENNE, TROUBLE ; ETC.
MONTAGE, ENTRETIEN, REPARATION

PAR

le Commandant L. VANNETELLE

Avec 65 figures, par Rivemale et Calvet

PARIS

BERNARD TIGNOL, ÉDITEUR

LIBRAIRIE SCIENTIFIQUE, INDUSTRIELLE ET AGRICOLE

Acquéreur des Publications Eugène LACROIX

53 BIS, QUAI DES GRANDS-AUGUSTINS, 53 BIS

FABRICATION

DES

FILETS DE PÊCHE

INTRODUCTION

Les filets qu'on emploie pour les différentes sortes de pêche coûtent souvent fort cher quand on les achète chez le fabricant, rien cependant n'est moins coûteux qu'un filet quand on peut le tisser et monter soi-même et la satisfaction qu'on en retire compense largement les légères dépenses qu'en a nécessité la fabrication.

On trouve partout du fil ainsi qu'une navette et un moule, qu'on peut, du reste, fabriquer soi-même, et des ciseaux, c'est là tout ce qu'il faut pour faire tous les filets et l'on ajoute ainsi, à la jouissance de la possession, l'intérêt qui s'attache à tout ce que l'on fait soi-même.

Il est d'ailleurs si facile d'apprendre à tisser un

filet et à le monter que cette étude est plutôt un amusement qu'un travail; la plus grande difficulté qu'on y rencontre gît dans l'incertitude de la méthode et l'obscurité des explications présentées par la plupart des auteurs qui ont traité cette matière. Nous allons essayer de la rendre aussi claire que possible.

Beaucoup d'auteurs ont donné des ouvrages fort intéressants sur la manière de prendre les poissons aux filets, ils ont parfaitement indiqué aussi les moyens de tendre les divers filets pour la pêche, mais aucun n'a enseigné la marche à suivre pour les faire et monter convenablement.

Quelques-uns indiquent la manière de faire la maille, d'autres donnent des généralités sur les divers filets de pêche mais, *pas un* n'est entré dans assez de détails pour permettre aux amateurs de la pêche qui voudraient s'occuper de faire et de monter eux-mêmes leurs filets, de les exécuter avec théorie; nous dirons même que beaucoup d'individus qui fabriquent les filets, par état et sur commande, les font par routine et ne pourraient dire, à l'avance, ce qu'il leur faut de mailles, d'une dimension donnée, pour la longueur et la largeur d'une nappe dont les dimensions auraient été prévues, ou la quantité de mailles qu'il leur faut, les dimensions de celles-ci étant toujours données, pour faire un filet cylindrique (par exemple un Verveux) d'une circonférence déterminée.

Nous ne disconviendrons pas d'avoir fait aussi nos premiers filets par routine mais, ayant reconnu, qu'à l'aide de la géométrie, on pouvait déterminer à l'avance, le nombre de mailles à donner à un filet, soit cylindrique, soit conique, soit à une nappe carrée, soit à une nappe plus longue que large, soit enfin à une nappe circulaire, pour arriver exactement aux dimensions voulues, nous n'avons plus fait, dès lors, un seul filet, sans en avoir au préalable calculé les dimensions.

Nous étant aperçu que, dans certains ouvrages traitant de la pêche au filet, il y avait quelques omissions ou erreurs, provenant indubitablement de faux renseignements ou d'inadvertance, nous avons cherché, autant que possible, à remplir les unes, rectifier les autres et à faire un ouvrage utile pour toutes les personnes qui, s'occupant de la pêche aux filets, désireront faire elles-mêmes leurs engins.

Nous ne parlerons dans notre traité que des filets ordinaires pour la pêche et nous ne nous occuperons pas des Guideaux pour les ponts, qui sont généralement peu employés, ni des filets à grands et petits étaliers qui ne sont utilisés qu'à la mer et, presque tous, aujourd'hui, faits à la mécanique ; nous agirons de même pour les nasses et paniers en osier, ces derniers rentrant dans les attributions du vannier et n'offrant pas, comme le filet, une récréation à l'amateur qui veut fabriquer lui-même.

Notre ouvrage sera conçu de telle sorte que quiconque, ne sachant même pas faire la maille, pourra, en suivant chapitre par chapitre, phrase par phrase, ligne par ligne, mot par mot, fabriquer lui-même tous les filets les plus généralement employés à la pêche.

Nous diviserons l'ouvrage en quatre chapitres:

Le 1er comprendra les outils nécessaires à la confection des filets, les fils convenables, les ficelles, les cordes et les précautions à prendre pour leur emploi.

Le 2e traitera de la maille, des élargissures, des étrécissures, des filets à mailles carrées, du calcul des mailles.

Le 3e donnnera la manière de faire et de monter les filets de pêche, avec indication des endroits où ils devront être le plus avantageusement employés ou posés pour y prendre du poisson.

Le 4e traitera des moyens de réparer, entretenir et conserver les filets.

CHAPITRE Ier

DES OUTILS, FILS, FICELLES ET CORDES NÉCESSAIRES A LA CON-
FECTION DES FILETS ET DES PRÉCAUTIONS A PRENDRE POUR
LEUR EMPLOI.

Des aiguilles ou navettes

On donne le nom d'*aiguille ou navette* à l'instrument qui porte le fil nécessaire à la confection du filet.

Nous ne voulons pas nous appesantir sur l'opportunité de l'un ou de l'autre de ces noms, mais il nous semble que le mot *navette* est le plus rationnel et c'est celui que nous emploierons.

On donne aux navettes l'une des deux formes ci-contre :

La forme n° 1 (fig. 1) s'emploie pour faire des mailles depuis 0^m 004 de côté jusqu'au plus grandes mailles.

La forme n° 2 (fig. 2) s'emploie pour la confection des mailles au-dessous de 0^m 004 de côté mais, comme il est rare, pour les filets de pêche, de faire des mailles aussi petites, on se sert peu de ces dernières navettes.

Les navettes de la forme nº 1 varient de proportions
suivant la dimension des mailles que l'on doit tisser ;
on donne à ces navettes de 0^{m}22 à 0^{m}27 de longueur
et de 0^{m}006 à 0^{m}022 de largeur. Nous avons remarqué
que si on donne à la navette une plus grande longueur
que 0^{m}27, on perd du temps pour lui faire franchir la
maille et cela se résume par une différence très sensible sur la rapidité d'exécution du filet.

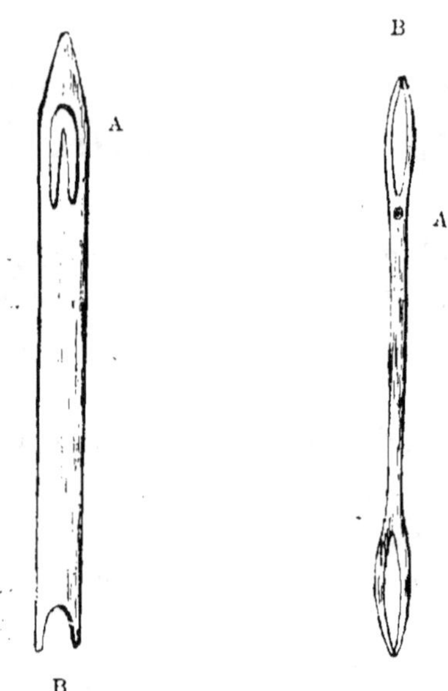

Fig. 1.—Navette en bois ou en tôle.   Fig. 2.—Navette en fer et à pinces

Les navettes sont faites en bois, en os ou en métal.

On donne, aux navettes en bois, de 2 à 3 millimètres d'épaisseur, aux navettes en os 1 millimètre 1/2
à 2 millimètres et aux navettes en métal, qui se font
généralement en tôle, 1 millimètre 1/2 d'épaisseur.

Les navettes en bois doivent être prises parmi les bois indigènes, de préférence : le buis, le cornouiller ou la patte de frêne ; parmi les bois exotiques, beaucoup peuvent convenir, il suffit qu'ils soient souples, flexibles et non cassants ; il faut aussi que les fibres longitudinales soient bien entrelacées pour ne pas laisser des échardes et éviter que le fil ne s'y accroche.

Les navettes en os sont généralement très fragiles, aussi conseillerons-nous de ne pas en faire usage.

Les navettes en métal se font ordinairement en tôle; on doit choisir un fer doux et auquel on donne un peu de recuit pour qu'il soit moins cassant. Beaucoup de personnes trouveront peut-être que les navettes en fer sont lourdes, tel n'est pas notre avis, car on s'habitue très rapidement à cette très petite différence de poids et, lorsqu'elles sont bien faites, elles ont l'avantage d'être peu fragiles et par conséquent de se casser très rarement. tandis qu'il n'en est pas de même des navettes en bois et en os que la moindre chute ou une manœuvre irrégulière peut souvent briser. Le fabricant de filets devra être pourvu d'un assortiment de navettes de différentes grandeurs parmi lesquelles une de 10 à 12 centimètres, c'est-à-dire plus courte que les autres et qui servira uniquement pour le raccommodage des filets déchirés.

Du chargement des navettes.

On appelle *charger une navette*, mettre dessus la quantité de fil qu'elle peut contenir suivant la largeur de la maille qu'elle sera appelée à franchir.

Pour charger la navette de la forme n° 1, (fig. 1), on fait un nœud à l'extrémité du fil, on le détord légèrement et on introduit la tige de la navette A entre les brins dont est composé le fil puis, on descend le fil dans l'échancrure inférieure B, appelée talon de la navette où on l'engage, on retourne la navette de la main gauche en remontant, de la main droite, le fil qu'on passe derrière la tige à l'aide du pouce ; on redescend le fil pour l'engager dans le talon, on change la navette de face, on remonte le fil pour le passer de nouveau derrière la tige et on continue ainsi jusqu'à ce que la navette soit suffisamment chargée.

Pour charger la navette de la forme n° 2 (fig. 2), on passe le fil dans le trou A fait au-dessous d'une des pinces BB, on y fait un nœud pour qu'il ne puisse s'échapper puis, on le monte et descend alternativement, en ayant soin de le passer chaque fois dans la fente pratiquée à la pince de chaque extrémité de la navette et on continue ainsi jusqu'à ce que cette dernière soit suffisamment pourvue de fil.

On doit veiller à ce que la navette ne contienne jamais plus de fil qu'il n'en faut pour qu'elle puisse facilement franchir la maille à confectionner.

Des moules.

Les moules servant à la fabrication des filets sont des petits cylindres (fig. 3) variant entre eux par leur circonférence suivant la maille à confectionner, la moitié de la circonférence du moule devant être égale à la longueur d'un des côtés de cette maille. *Exemple* : Supposons qu'on veuille faire une maille de 15 millimètres de côté, A, le moule sur lequel on devra mailler aura 10 millimètres de diamètre, B. ou 30 millimètres de circonférence, soit donc la moitié ou 15 millimètres de côté pour la maille.

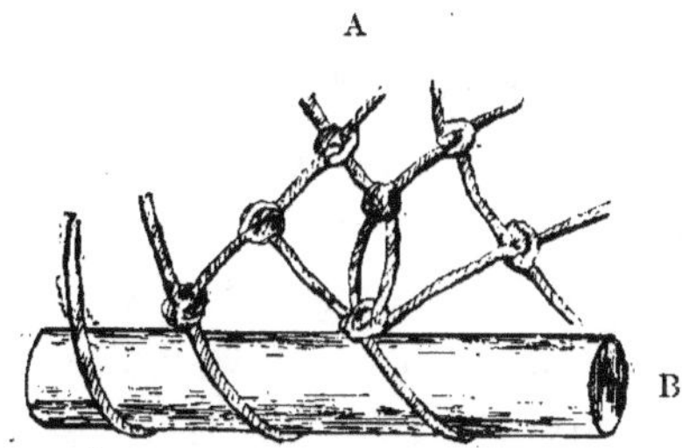

Fig. 3. — Moule en bois ou en métal fait sur le tour.

Pour les mailles de 0ᵐ01 à 0ᵐ05 de côté on se sert de cylindres faits en bois les plus durs, tels que le buis ; le sureau ou le cornouiller, les autres essences, beaucoup trop tendres, ayant l'inconvénient de se gaufrer en fort peu de temps et d'occasionner, non seulement de l'irrégularité dans les mailles, mais encore d'empêcher celles-ci de sortir du moule lorsqu'elles y sont convenablement serrées.

Pour les mailles au dessous de 0ᵐ01 de côté on se sert de cylindres en fer ou en os.

Beaucoup de fabricants de filets se servent de moules légèrement coniques pour faciliter l'enlèvement des mailles sur le cylindre ; c'est un grand défaut, attendu que, mettant souvent cinquante ou soixante mailles sur un moule, il existe, en les mesurant exactement, une différence sensible entre la première et la dernière maille et par conséquent de l'irrégularité dans l'achèvement complet du filet. Nous donnerons donc le conseil de n'employer, jusqu'à la maille de 0ᵐ05 de côté, que des moules parfaitement cylindriques, faits au tour et variant entr'eux de 0ᵐ0023 jusqu'au moule de 0ᵐ0069 et de 0ᵐ0012 entre ceux au dessous. Si on devait faire des mailles au dessus de 0ᵐ05 de côté, on se servirait de petites planchettes en hêtre et dont le fil du bois se trouverait en travers

Cylindres et planchettes ne devront jamais dépasser 0ᵐ12 de longueur, dimension extrême pour la commodité du travail.

A ces outils, dont nous venons de parler, nous ajouterons qu'une paire de forts ciseaux et un bon couteau, seront tous les deux indispensables au fabricant de filets.

Du Fil.

Le choix *du fil* est de la plus haute importance pour la confection des filets, car de là dépend leur plus ou moins longue durée.

Le meilleur fil est celui qui est fait en chanvre roui sur le pré ; il est, par sa teinte grise, facile à reconnaître de celui qui, roui à l'eau, est moins bon et a une couleur d'un blanc jaunâtre.

Autant que possible on ne devra employer que du chanvre mâle, parce que généralement il est plus fin, plus lisse et moins pelucheux que le chanvre femelle.

Nous ne serons pas de l'avis de certaines personnes qui achètent chez le cordier, leur fil tout retordu, parce que ce fil est presque toujours retordu frais, plus qu'il ne doit l'être et ensuite lissé, ce qui empêche d'y reconnaître l'étoupe qui peut s'y cacher ; d'un autre côté, comme il est souvent trop retordu, lorsque les filets ont été quelque temps à l'eau, les mailles se vrillent et se cassent, soit en tordant les éperviers, soit en frappant avec une baguette, les verveux, les louves, les échiquiers, etc, etc ; moyens employés pour nettoyer ces filets avant de les faire sécher.

Il faudra donc acheter du fil *non retordu*, le choisir, comme il est dit plus haut, en chanvre mâle, roui au pré, fin, le plus régulier, le plus lisse possible, et le faire dévider, le mettre en pelotes et le doubler à deux, trois, quatre brins et plus, selon le besoin, mais avec la plus grande précaution, pour que les fils soient de la même longueur car, de là, dépend la solidité ; on le retordera ensuite, au moyen du rouet, en veillant à ce qu'il soit retordu, non seulement ni trop ni trop peu, mais encore très régulièrement.

Pour faire les mailles où doivent passer, dans les verveux, louves, etc., etc., les cerceaux en bois et, dans les éperviers, les cordes plombées, beaucoup de fabricants de filets se contentent de doubler les fils qu'ils emploient, sans les retordre ; c'est un grand tort, attendu qu'un des brins sera indubitablement plus long que les autres, que toute la tension se fera sur le fil plus court et que cela sera cause de sa prompte destruction, aussi, donnerons-nous le conseil d'employer toujours, pour la confection de ces mailles en gros fil, un seul fil composé du nombre de brins double du fil employé pour le corps du filet et surtout parfaitement retordu.

Il faut, en fait de fils retordus livrés dans le commerce, ne se servir que de celui vendu sous le nº 36 et au dessus, pour la confection des filets exigeant du fil très fin, ces fils étant faits à la mécanique et par conséquent beaucoup plus fins que ne le pourraient être ceux faits à la main.

Dans les localités où on cultive peu ou point de chanvre et où le lin est très commun, la nécessité faisant loi, on peut se servir de fil en lin mais, toutes les fois qu'on pourra se procurer du fil de chanvre, nous engagerons à en faire usage, ce dernier durant beaucoup plus longtemps que le fil de lin.

Des Ficelles et Cordes

Les ficelles, cordes et cordeaux, devant servir au montage des filets, seront commandés chez le cordier mais, avant d'être employés, ils seront mis, plus ou moins longtemps, selon leur grosseur, dans l'eau bouillante, afin de leur faire acquérir la souplesse nécessaire qu'ils n'ont pas en sortant des mains du fabricant.

Les ficelles doivent être dépelotonnées, mises en écheveaux et ces derniers placés dans une marmite de grandeur suffisante pour qu'ils puissent être recouverts d'au moins 5 à 6 centimètres d'eau. La marmite, sur le feu, devra bouillir deux heures et être surveillée pour y ajouter de l'eau si les ficelles se découvrent ; ce temps écoulé, on la retirera du feu et on laissera refroidir le liquide avant d'en enlever les ficelles qui seront suspendues au dehors ou dans un grenier, jusqu'à ce qu'elles soient complètement sèches pour être mises de nouveau en pelotes.

Les cordes et cordeaux seront traités de la même manière, mais devront rester au moins cinq ou six heures sur le feu.

En général les cordes et cordeaux n'ont jamais trop

de souplesse pour être convenablement employés comme corde plombée des éperviers et comme corde de jet attachée au centre de la coiffe de ces mêmes filets.

Pour la corde plombée des éperviers il est préférable de se servir de trois ou quatre ficelles, de grosseur suffisante, réunies ensemble, *sans être retordues*, pour remplir à peu près le trou de la balle ou de l'olive, mais de manière que celle-ci puisse glisser facilement sur les ficelles réunies.

Pour la corde du milieu de la coiffe de l'épervier (*corde de jet*), il est préférable de se servir de quatre ficelles, croisées ou tressées alternativement deux à deux, sur toute la longueur (*ce mode donnant plus d'ensemble et plus de force*) et dont la réunion formera une corde de $0^m 007$ à $0^m 008$ de diamètre ; elle devra être de 6 à 7 mètres de longueur, suivant la profondeur de l'eau dans laquelle on sera appelé à pêcher et avoir, à une de ses extrémités, une boucle ou nœud coulant servant à la fixer au poignet gauche du pêcheur.

Les gros cordeaux ne sont employés que pour la corde du milieu de la coiffe des giles ou éperviers de traîne, pour les cordes de support des liéges et des pierres dans les sennes, ainsi que pour les diamètres des grands troubles et bouteux.

CHAPITRE II

De la maille ; des élargissures ; des étrécissures : des filets a mailles carrées et du calcul des mailles.

Avant de donner théoriquement la marche à suivre pour faire et monter les filets, il convient d'indiquer, non-seulement la manière de faire *la maille* et le plus promptement possible, mais encore comment on fait les *élargissures, les étrécissures, les filets à mailles en losange*, ceux *à mailles carrées*, et aussi comment on opère pour *le calcul des mailles*.

Du tissage des filets en général.

Les filets à mailles en losange ainsi que ceux à mailles carrées se composent de *tours* ou rangs de mailles parmi lesquelles se font des *élargissures* et des *étrécissures* suivant qu'il est nécessaire *d'élargir* ou de *rétrécir* l'étendue du filet qu'on est appelé à tisser.

Certains auteurs donnent le nom de *levure* au premier *tour* ou rang de *mailles* ou plutôt de *demi-*

mailles (car ce premier tour ne comporte que *des demi-mailles*) par lesquelles se commence un filet, et ils disent *lever* un filet au lieu de : *le commencer*. Cette expression, selon nous, est mal appliquée, car, *lever* un filet c'est le retirer de l'eau quand il y a été posé ou jeté, ainsi on dit : lever un verveux, un échiquier, jeter un épervier, etc., etc. ; nous nous servirons donc de l'expression que nous avons toujours employée, que nous croyons être la plus logique et nous dirons : *commencer le filet* quand l'ouvrier fait le premier rang de demi-mailles qui forment le *commencement* d'un filet pour ensuite en poursuivre ou continuer le tissage.

Certains auteurs donnent aussi le nom de *pigeons* aux *demi-mailles* composant le premier *tour* d'un filet. Pourquoi enlever à ces demi-mailles leur véritable dénomination ? Ne seront-elles pas, comme les autres, dans l'ensemble du filet, de véritables mailles ? Aussi, nous dirons toujours, dans notre traité : *commencer le filet sur tant de mailles* et non *sur tant de pigeons*, laissant cette expression au cuisinier qui met ce volatile à la crapaudine ou aux petits-pois.

De la maille.

Tous les filets, sans exception, se commencent sur une ficelle, fig. 4, d'une longueur déterminée formant

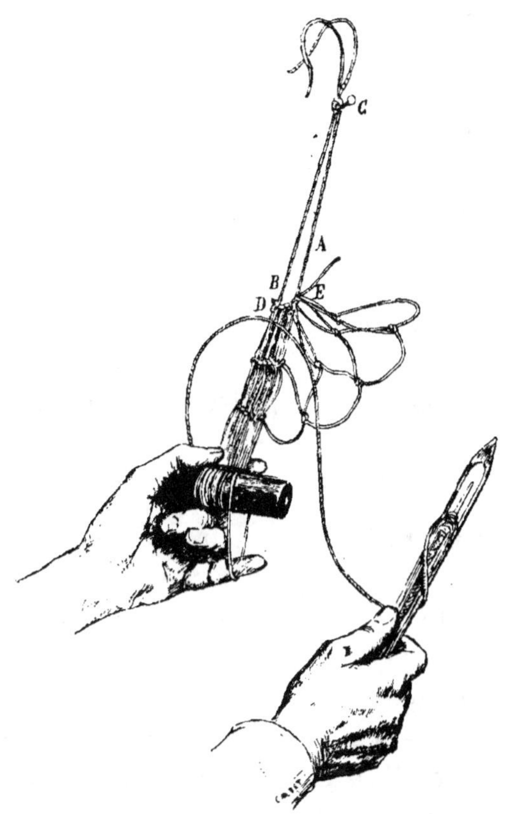

Fig. 4.

boucle A B et assujettie, du côté opposé aux mailles.
à un clou à crochet C fiché dans le mur, à la hauteur
limitée par l'ouvrier travaillant debout ou assis. C'est
s ur cette *boucle* appelée aussi *anse* que se fait le *premier tour* ou rang de *demi-mailles,* de D à E par lequel se commencent toutes les espèces de filets.

2

Il existe deux manières de faire la maille ; l'une en *formant le nœud sur le pouce*, l'autre *en le formant sous le petit doigt*. La première n'étant employée que dans la réparation des filets, nous en parlerons au 4º chapitre de notre traité et nous ne nous occuperons ici que de la seconde, celle-ci étant beaucoup plus expéditive que l'autre et toujours employée à la fabrication de tous les filets en général.

Pour faire plus facilement comprendre l'exécution de la maille, *en formant le nœud sous le petit doigt* nous la décomposerons en quatre mouvements et nous supposerons travailler à une nappe sur laquelle il y a déjà plusieurs tours de mailles de tissés.

1er mouvement. — La main droite F tenant la navette chargée de fil, on saisit le moule dans la main gauche G entre le pouce et l'index, le médium et l'annulaire repliés vers la paume de la main H, le petit doigt I restant tendu puis, on passe le fil de la navette JJJ sous ce petit doigt, pour l'insérer entre le pouce et l'index en K, en lui faisant décrire de gauche à droite une révolution formant cercle JJJ sur les mailles déjà faites (fig. 5.)

2e mouvement. — On passe la navette dans l'ouverture O (fig. 5) que forme le fil placé sous le petit doigt I, (fig. 5) et, en même temps, on engage d'au moins la moitié de sa longueur, la navette dans la maille correspondante du tour précédent A (fig. 6) par dessus le fil qui a décrit la révolution formant cercle sur les

mailles déjà faites BBB (fig. 6) en ayant soin de laisser
suspendre au-dessous de la navette le cercle que forme

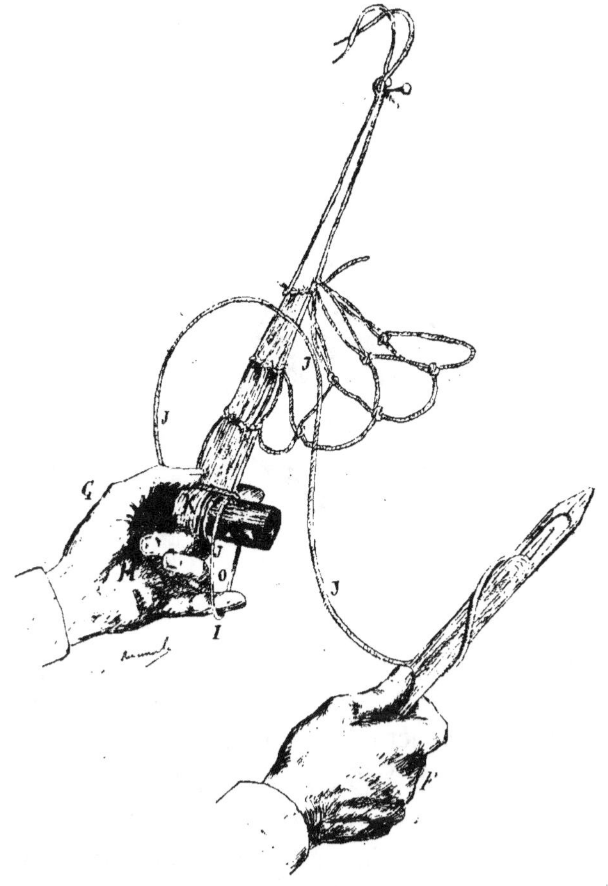

Fig. 5.

le fil en cet endroit C (fig. 6) et on lâche la navette de
la main droite pour la ressaisir immédiatement de la
même main au-dessus du moule.

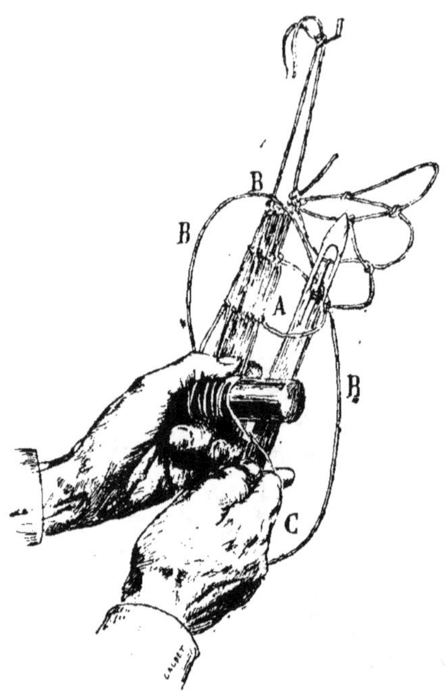

Fig. 6.

3ᵉ mouvement. — On abandonne le fil que maintient le petit doigt pour, de ce même doigt, saisir le
fil formant cercle en A (fig. 7), en appuyant assez fortement dessus, pour qu'il enveloppe convenablement
le moule B (fig. 7) pendant qu'on fait opposition de la
main droite en tirant sur la navette en C (fig. 7).

4ᵉ Mouvement. — Le fil enveloppant exactement
le moule et, la maille étant convenablement placée
sur le haut du moule en A (fig. 8), on la maintient avec
l'index de la main gauche B (fig. 8), et l'on abandonne

le fil maintenu *tendu* par le petit doigt de cette main en
C (fig. 8), puis, de la main droite on tire sur la navette

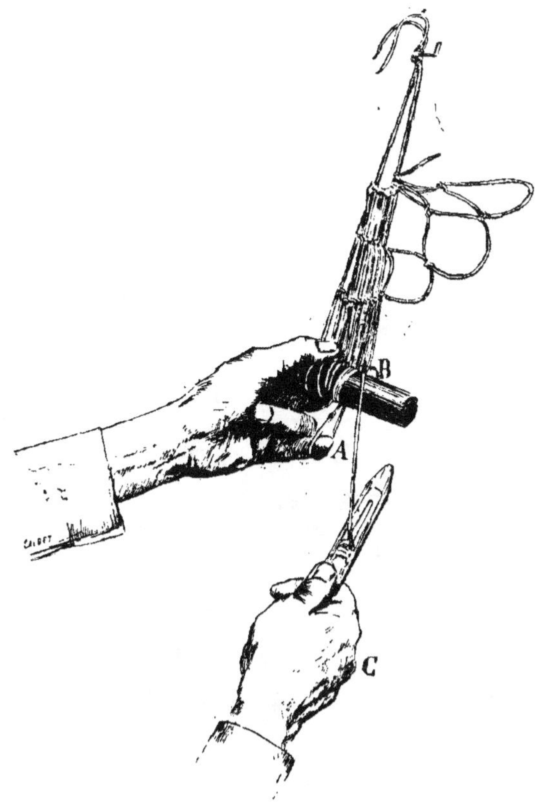

Fig. 7.

jusqu'à ce que le nœud soit bien serré en A (fig. 8 *bis*),
et la maille se trouve faite.

On opère de la même manière pour chaque maille
mais, il faut veiller à ce que tous les nœuds soient en

ligne droite sur le haut du moule car autrement les mailles seraient irrégulières.

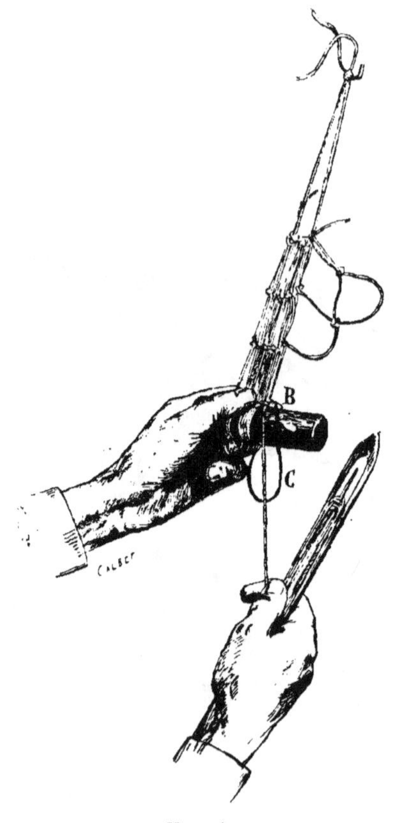

Fig. 8.

Pour le commençant, cette étude de la confection de la maille demandera un peu d'attention et un peu de patience mais, avec l'habitude, le novice acquérera, en très peu de temps, une facilité dans le maniement de la navette qui lui permettra de tisser le filet aussi promptement et aussi régulièrement que celui qui sait faire la maille depuis longtemps.

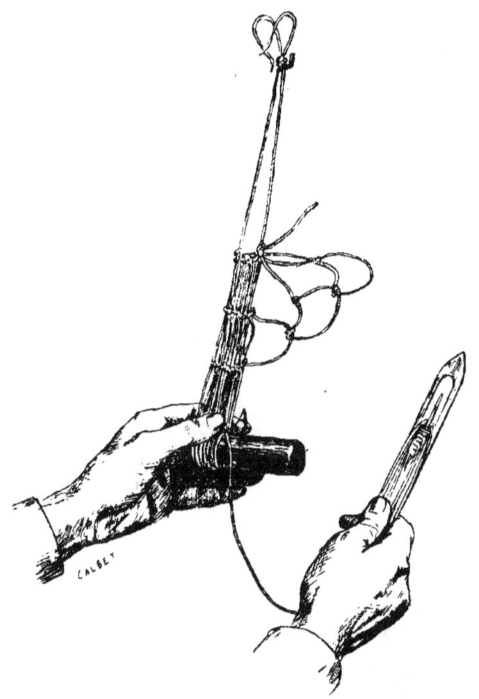

Fig. 8 bis.

Pour tisser *une nappe* de filet *on fait toujours les tours ou rangs de mailles de gauche à droite.*

En supposant que l'on veuille tisser *une nappe carrée* ou une *nappe plus longue que large*; après avoir fixé à la ficelle formant boucle, le fil D de la navette

par un nœud ordinaire en E. (fig. 9), on exécutera le
nœud de la maille ainsi que nous venons de le décomposer mais, en passant la navette dans *la boucle* B, de

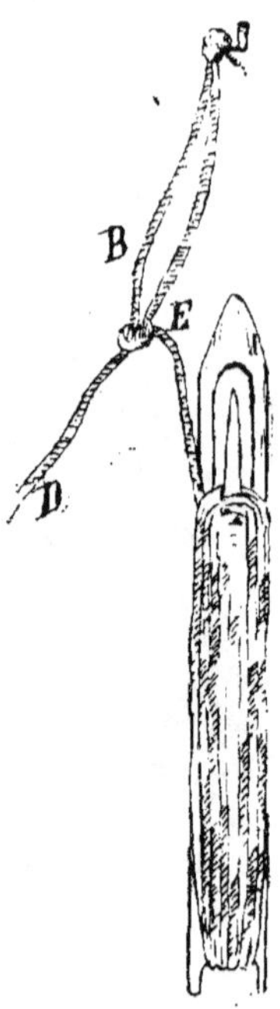

Fig. 9.

la même manière que nous l'avons fait passer dans la
maille correspondante du tour précédent (fig. 5).

Le premier tour de demi-mailles par lequel a été
commencé le filet, étant achevé, on fait glisser ces
demi-mailles sur le moule pour les en retirer et l'on
voit alors comme dans la fig. 10 de 1 à 6, une rangée

de demi-mailles égales, suspendues à la ficelle formant
bouche A, B et fixées à cette dernière par des nœuds
c,c,c, qui glissent aisément dessus, puisque cette fi-

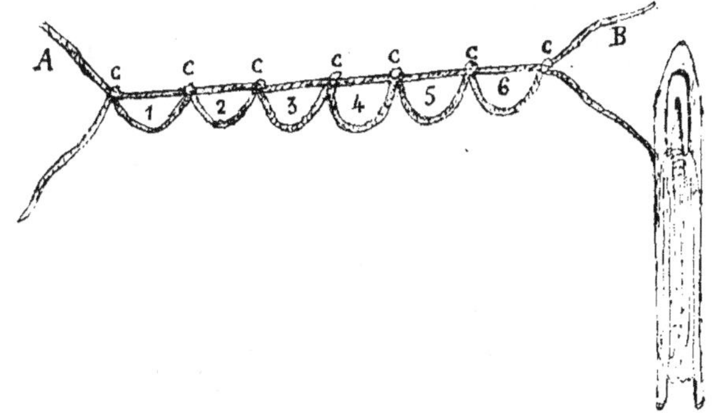

Fig. 10.

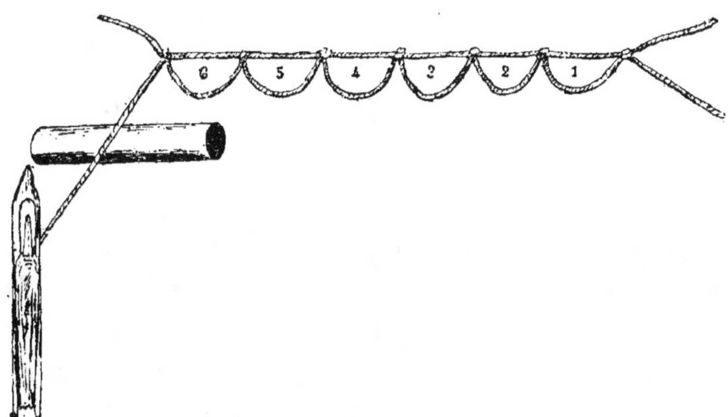

Fig. 11.

celle ne fait pas corps avec les demi-mailles (la boucle AB au lieu d'être pendante au clou fiché dans le
mur comme dans la fig. 9, est tendue horizontale-

ment afin de bien faire comprendre la position qu'occupent les mailles dans le premier tour, sur lequel se commence la nappe à fabriquer).

Ce premier tour formé, on le retourne et, pour commencer le second tour on replace le moule tout prêt de la partie inférieure de la dernière maille faite (*la 6e*, *fig*. 11),

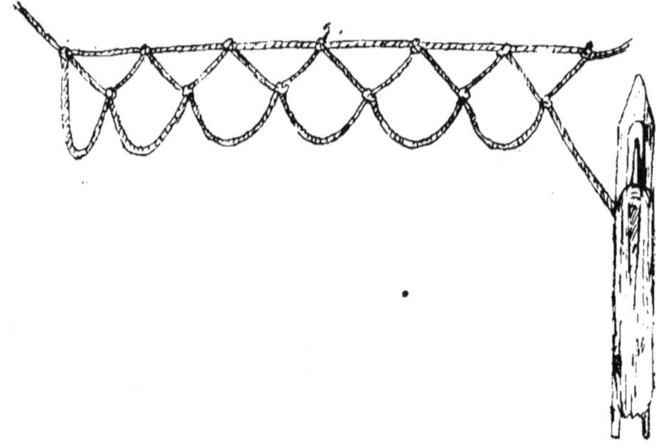

Fig. 12.

et on répète, avec la navette, la même manœuvre que pour le premier tour mais alors, au lieu de passer la navette dans la ficelle formant boucle, on la fait passer successivement pour chaque nouvelle maille, dans chaque maille correspondante du tour déjà fait, chaque nœud étant ainsi formé à la partie inférieure de la maille placée au-dessus de lui, et on obtient la fig. 12, les mailles ayant été, comme pour le premier tour, retirées d'après le moule.

Ce deuxième tour achevé, on retourne le tissage
fait et, pour commencer le troisième tour, on replace
le moule comme il a été dit pour le second tour puis,
après avoir opéré, avec la navette, la même manœuvre que pour le tour précédent, on obtiendra la fig. 13

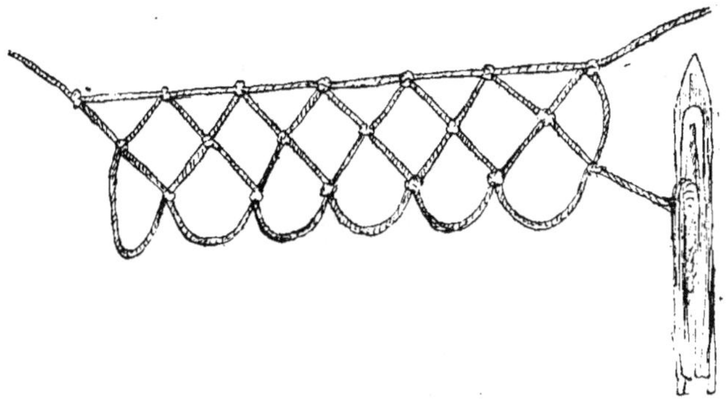

Fig, 13,

et on continuera ainsi à faire chaque tour de mailles
jusqu'à ce qu'on soit arrivé à la longueur voulue du
filet.

Quand tous les tours qui doivent composer la nappe
de filet, sont achevés, on enlève la ficelle sur laquelle
le premier tour a été tissé, on tire sur chaque nœud
de ces premières demi-mailles pour le dénouer et on
obtient, sur le bord du filet, une simple rangée de demi-
mailles, les autres côtés de la nappe présentant aussi
un bord semblable.

Du nœud de tisserand

Lorsque le fil de la navette a été employé on en remet dessus puis, on rattache ensemble les deux bouts de fil (*celui de la navette et celui du filet*) par un nœud dit *nœud de tisserand*.

Ce genre de nœud, très simple, d'un usage constant dans la confection des filets est d'une solidité telle, qu'en tirant dessus, les fils réunis pourront se rompre mais jamais à la jonction du nœud qui s'exé-

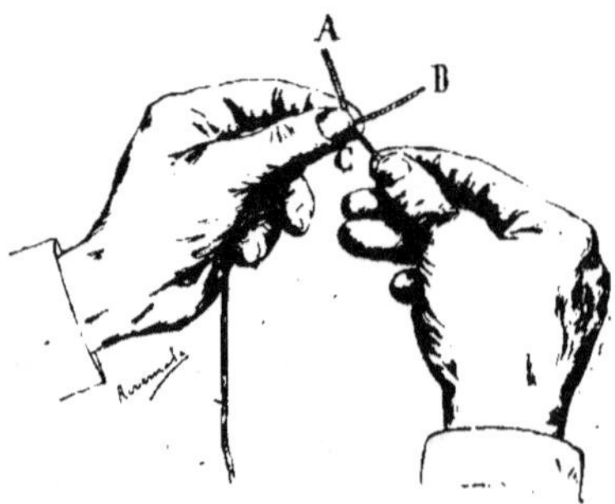

Fig. 14.

cutera de la manière suivante et que, pour mieux le faire comprendre, nous allons décomposer comme nous avons décomposé la manière de faire la maille.

1° On saisit les deux bouts de fil à nouer ensemble, le bout A entre le pouce et l'index de la main droite, le bout B entre le pouce et l'index de la main gauche et on les croise ensemble en plaçant le bout A, sous le bout B, la main gauche maintenant ces deux bouts réunis à leur croisement C, entre le pouce et l'index, comme dans la fig. 14.

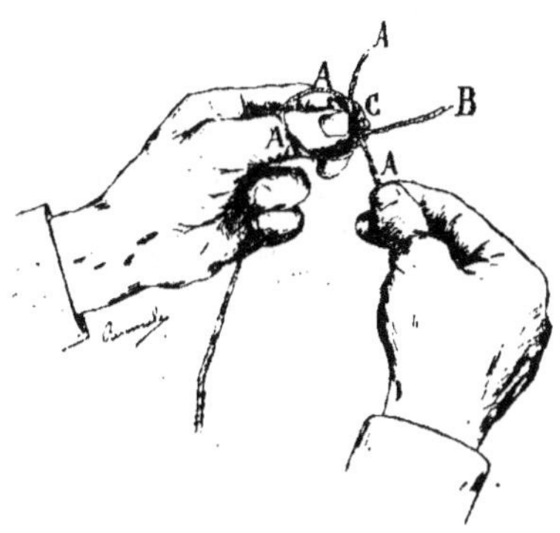

Fig. 15.

2° On fait, de la main droite, avec le fil A une révolution formant boucle ou cercle par dessus le pouce

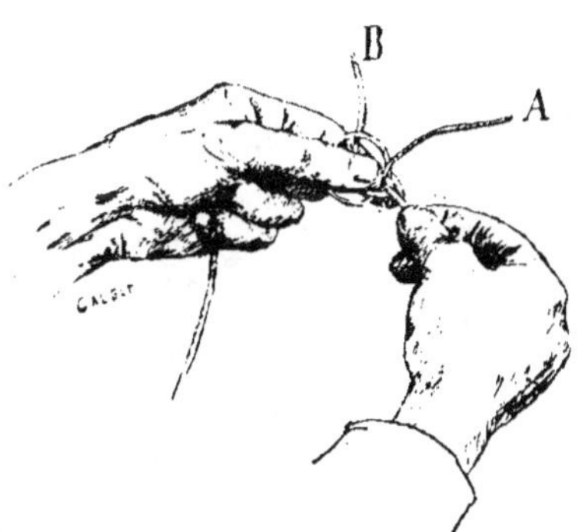

Fig. 16.

de la main gauche en contournant, en C par derrière le bout de ce fil A et en ramenant ce même fil sur le bout du fil B au croisement des deux fils, le tout restant maintenu entre le pouce et l'index de la main gauche, comme dans la fig. 15.

3° On passe, avec la main droite, l'extrémité du fil B, dans la boucle formée par la révolution faite, sur le pouce de la main gauche avec le fil A, et on rabat la boucle sur le bout du fil B, le tout bien maintenu entre le pouce et l'index de la main gauche, comme dans la fig. 16.

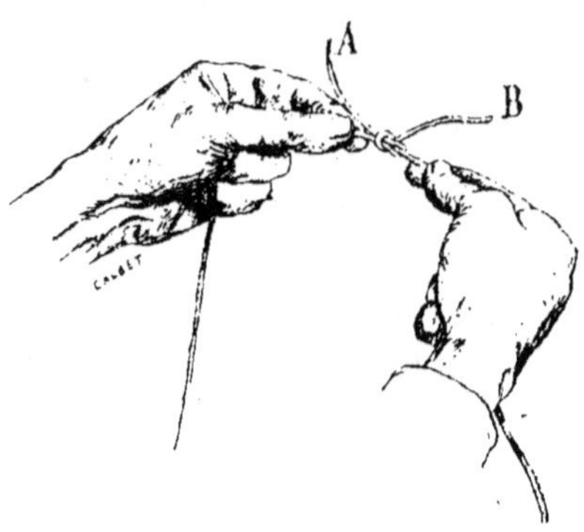

Fig. 17.

4° On tire avec la main droite sur le fil A pour serrer fortement les deux fils ensemble et obtenir un nœud ainsi formé comme dans la fig. 17.

On coupera ensuite les extrémités de chacun des deux bouts de fil A et B, aussi près que possible du nœud bien serré et jamais ce nœud ne se dénouera.

Pour la bonne et solide confection de ce nœud, il faut surtout veiller à ce que la révolution formant boucle qui, après que l'extrémité du fil B y a été in-

troduite, est rabattue sur ce fil B, ne vienne pas faire
l'opposé c'est-à-dire se rabattre sur le fil A car, alors.
le nœud glisserait et ne serait nullement assujetti.
Enfin, pour compléter la théorie de ce nœud, nous le
représenteront fait, en dehors des deux mains (fig. 18).

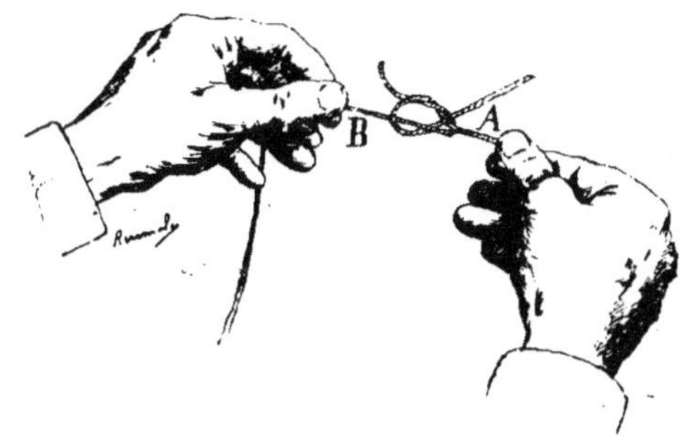

Fig. 18.

avant que la main droite n'ait tiré sur le fil A pour
serrer fortement le nœud.

Lorsque dans la confection d'un filet quelconque, on
doit rattacher le fil de la navette à celui de la dernière
maille tissée, soit que ce fil se soit rompu en travaillant, soit que celui de la navette ait été consommé, il
faut toujours prendre la précaution de faire le nœud
d'attache (*par un nœud de tisserand*) *le plus près possible de celui de la dernière maille tissée.*

Il n'est pas besoin de recommander, qu'après avoir
fait sur le moule, le nombre de mailles qu'il peut contenir (généralement jamais plus d'une cinquantaine)
on retire les mailles du moule et, pour continuer le

travail, il faut faire rentrer le moule dans la dernière maille tissée sur le même tour.

Nous ferons aussi une recommandation utile, c'est : lorsque, dans la fabrication, l'ouvrier a besoin de compter sur le filet un nombre de tours de mailles à faire en partant d'un point déterminé, de nouer à ce point un petit bout de fil de couleur voyante, rouge par exemple, qui lui permettra, sans recherches, de reconnaître l'endroit d'où il devra partir pour compter et être exactement renseigné sur le nombre de tours qu'il a faits ou qu'il lui reste encore à faire.

Des élargissures.

Les élargissures sont des boucles ou demi-boucles qu'on ajoute à un tour quelconque de mailles pour en augmenter le nombre et *élargir* alors l'étendue d'un filet. Nous pensons donc être dans le vrai en leur donnant la dénomination *d'élargissures* au lieu de les appeler *accrues*, *élarges*, *agrandies*, noms sous lesquels on les désigne dans différentes localités en France.

Les élargissures ne se font, dans les filets à mailles en losange, *que lorsqu'on a déjà exécuté plusieurs tours du filet.*

Etant parvenu, en faisant un tour, à l'endroit où il faut une élargissure (fig. 19), on passe le fil de la navette sous le moule A et la navette dans la maille B

qui, dans le deuxième tour précédent, correspond
exactement au milieu du losange que devrait faire la
maille à confectionner; on tire le fil jusqu'à ce qu'il

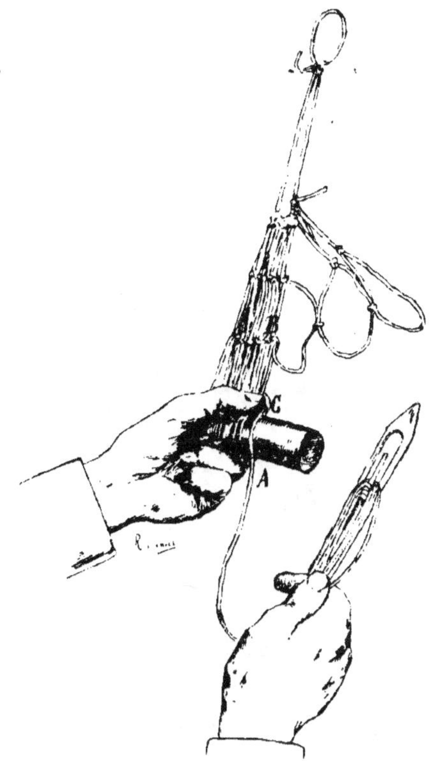

Fig. 19.

ait exactement enveloppé le moule et que les deux
brins, formés par le fil passé dans la maille du deuxième tour précédent, soient bien tendus, on les
saisit alors entre le pouce et l'index de la main gauche

3

en C (fig. 19), on jette le fil de la navette, à gauche,
pour lui faire décrire un cercle à droite ΛΛΛ (fig. 20)
on engage la navette sous les deux brins du fil pas-

Fig. 20.

sé dans la maille du second tour précédent B B et par
dessus le fil CC, décrivant le cercle (fig, 20), puis on
tire sur la navette jusqu'à ce que le nœud soit bien
serré et placé exactement sur le même alignement A
(fig. 21) que ceux des mailles déjà faites en A, (fig.
22).

Après avoir fait une nouvelle maille de la manière ordinaire, on se trouve en avoir deux AB dans l'em-

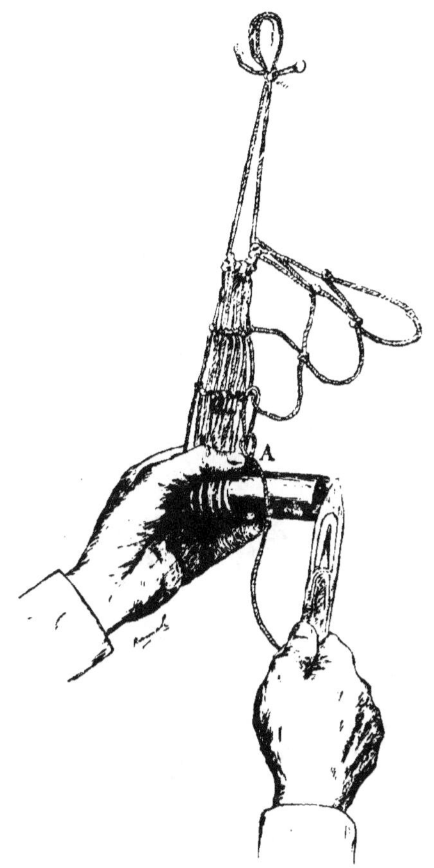

Fig. 21.

placement d'une seule, (fig. 23), ce qui constitue une élargissure. La fig. 23, nous montre sur ce tour où a

été faite l'élargissure, *11 mailles*, une de plus que sur
le tour précédent qui en a *dix*. Beaucoup de personnes font les élargissures en confectionnant deux mail-

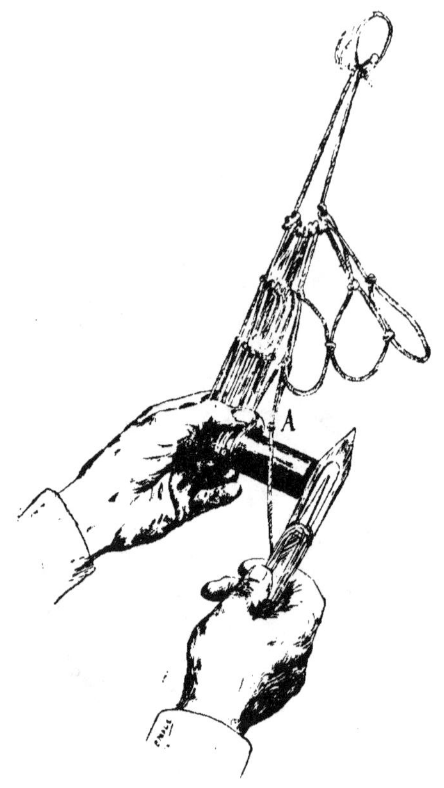

Fig. 22.

les dans la même, c'est un grand tort, attendu qu'il
existe de cette sorte, deux nœuds l'un auprès de l'au-

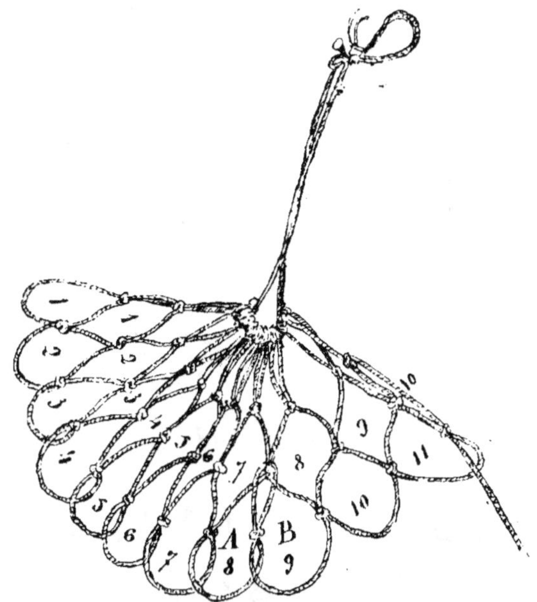

Fig. 23.

tre, défaut qui tend toujours à la prompte usure des filets.

Des étrécissures.

Les étrécissures servent, dans un tour quelconque de mailles, à en diminuer le nombre, soit donc de rétrécir l'étendue d'un filet comme les élargissures servent à l'élargir.

Les étrécissures ne se font, dans les filets à mailles en losange, que lorsqu'on a déjà exécuté plusieurs tours du filet.

Pour exécuter une étrécissure, il suffit, quand on est arrivé à l'endroit où elle doit exister, de prendre deux mailles, A B, au lieu d'une, avec la navette et de serrer le nœud comme dans la maille ordinaire ; on obtient ainsi une maille de moins qu'au tour précédent (fig. 24). Cette figure 24 nous montre, sur ce

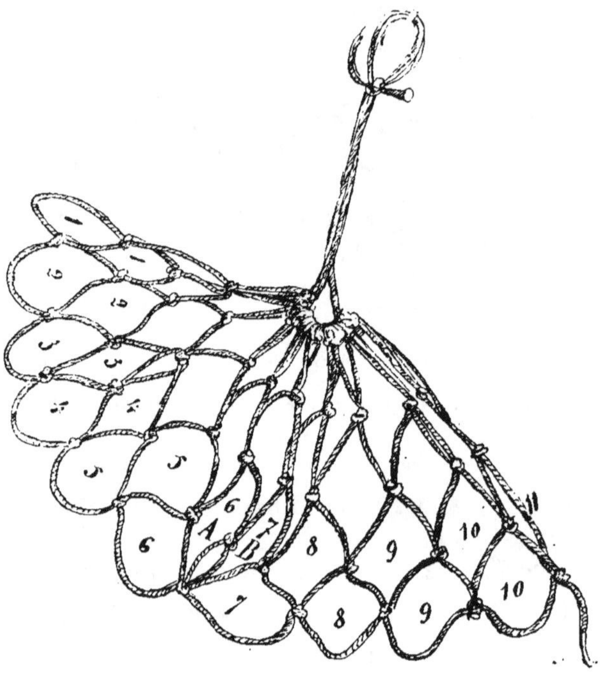

Fig. 24.

tour où a été faite l'étrécissure, *10 mailles*, une de moins que sur le tour précédent qui en a *onze* et dans lequel, pour faire remarquer la différence existant

entre une élargissure et une étrécissure, on voit, aux
mailles 3 et 4, une élargissure comme on voit dans le
tour suivant, aux mailles 6 et 7, une étrécissure.

Des filets à mailles carrées.

Presque tous les filets de pêche se font à mailles en
losange mais, comme les aumées ou nappes principa-
les des tramails se font à mailles carrées, nous allons indiquer comment on obtient ce genre de mailles, dont le nœud, d'ailleurs, se fait de la même manière que celui de la maille en losange.

On entend par filets *à mailles en losange*, le genre
de filets où, en supposant une nappe carrée, de quelque côté qu'on prenne cette nappe, les mailles pré-
senteront toujours des angles plus ou moins ouverts;
il suffit, pour faire cette nappe carrée, de commencer
le filet par autant de mailles qu'il en faut pour lui donner sa longueur ou sa largeur mais, il n'en est pas de
même pour les filets *à mailles carrées*.

On entend par filets *à mailles carrées*, ceux dont
deux côtés de la maille sont parallèles à une des cordes et les deux autres côtés perpendiculaires à cette
même corde.

Pour faire ce genre de filet et, en supposant qu'on
veuille une nappe exactement carrée (fig.25),on commencera le filet par une seule maille en A, *on élargira d'une maille en commençant chaque tour* et on

continuera ainsi jusqu'à ce qu'on ait fait autant de tours qu'il faudra de mailles pour un des côtés du carré en A,B,C, puis on continuera *en faisant une*

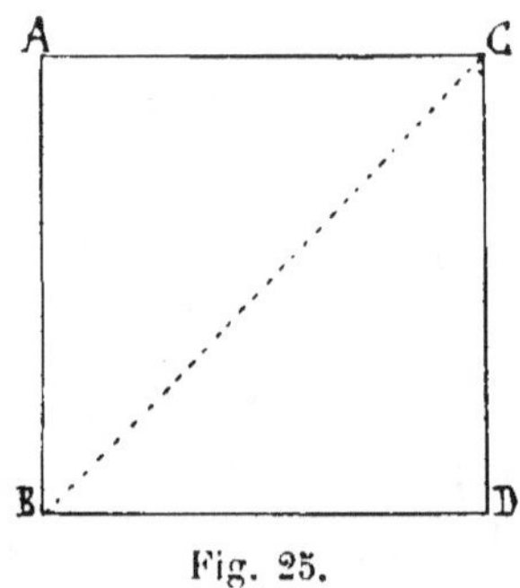

Fig. 25.

étrécissure en commençant chaque tour, jusqu'à ce qu'on soit arrivé à n'avoir qu'une seule maille en D et la nappe tendue sera parfaitement carrée ainsi que les mailles.

Si, au contraire, on veut exécuter une nappe plus longue que large et semblable au rectangle A,B,C,D, E,F. (fig. 26.)

On fera d'abord, comme pour la nappe carrée indiquée précédemment, fig. 25, le triangle A,B,F, en commençant le filet par une maille en A, et en élargissant d'une maille en commençant chaque tour jusqu'à ce qu'on ait obtenu le nombre de mailles nécessaires aux côtés AB et AF. Le triangle A,B,F, terminé, on exécute un tour *sans élargissure ni étrécissure* puis on commencera le second tour *par une élargissure* et on le finira *par une étrécissure*, on fera le troisième tour

sans élargir ni étrécir, on commencera le quatrième
par une élargissure et on le terminera *par une étrécissure* puis, on continuera ainsi *en élargissant et en*

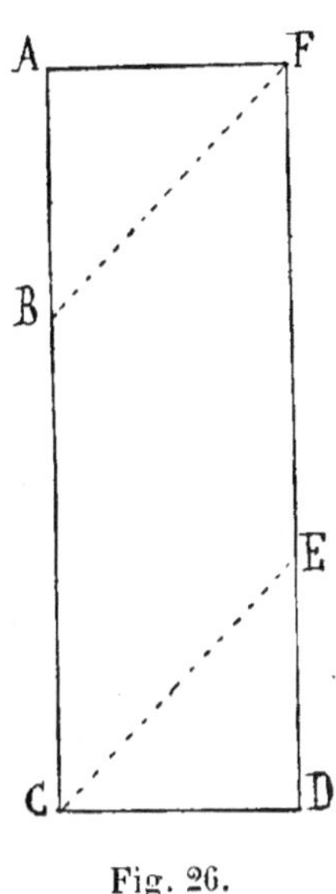

Fig. 26.

étrécissant d'une maille *tous les deux tours,* jusqu'à
ce qu'on ait le nombre de mailles nécessaires aux côtés BC et EF qui seront conformes ; cependant il faut
toujours terminer le parallélogramme B,C,E,F, par
un tour *sans élargissure ni étrécissure.* En agissant
ainsi et en supposant qu'on ait fait *la première élargissure* sur le côté A,B,C, et *la première étrécissure*
sur le côté D,E,F, on aura *toutes les élargissures* sur le
côté A,B,C, *et toutes les élargisures* sur le côté D,E,
F. Le parallélogramme B,C,E,F, terminé, on fera le

triangle C,D,E, en commençant chaque tour *par une étrécissure* de manière à finir, en D, par une seule maille, ainsi qu'a été commencé, en A, le triangle A, B,F, de la sorte, on arrive au rectangle A.B,C,D,E.F, parfaitement régulier et à mailles exactement carrées.

Il faut, dans la fabrication de ce genre de filets, *apporter la plus grande attention* car, si on omettait, *soit une élargissure, soit une étrécissure* et si on faisait *une élargissure* au lieu *d'une étrécissure* et vice-versà, et qu'on ne s'en aperçoive qu'en montant le filet, il faudrait beaucoup de temps et beaucoup de peine pour réparer l'erreur qu'on ne pourrait laisser subsister.

Le filet à mailles carrées peut être employé dans les ouvrages de dames, tels que rideaux de lit, de fenêtres, grands et petits, dessus de fauteuils et de chaises, etc. etc., à une maille plus ou moins petite, en fil de soie ou coton, sur laquelle maille on peut exécuter quantité de jolies broderies.

Des diagonales.

Après avoir indiqué la manière de faire la maille, les élargissures et les étrécissures, comme il est utile aussi de pouvoir déterminer à l'avance le nombre de mailles contenues dans un filet de telle ou telle dimension et que, pour les filets, à mailles en losange, ce n'est pas le côté de la maille qui peut servir d'indication mais bien la diagonale, nous donnerons ci-dessous, un tableau des diagonales depuis 0^{m}002256 (1 ligne) jusqu'à 0^{m}081216 (36 lignes) quoiqu'on emploie rarement, pour les filets de pêche, des mailles au-dessus de 0^{m}045120 (20 lignes).

Pour établir ce tableau des diagonales nous prendrons comme base, l'ancienne mesure, *la ligne* (0^{m}002256 fractions du mètre) et nous nous en servirons aussi pour le calcul des mailles, parce que jadis, la dimension de la maille des filets se désignait par cette ancienne mesure et qu'aujourd'hui encore, dans beaucoup d'endroits, en France, les pêcheurs ou les fabricants de filets, voulant désigner un épervier, par exemple, dont la maille aurait 0^{m}015 de côté, diront : *un épervier à 7 lignes* et non : *un épervier à 15 millimètres*. Cela n'empêchera pas que les calculs des mailles pourront être faits de la même manière en prenant comme base le millimètre.

Calculs des mailles.

Avec les indications fournies par le tableau suivant il sera facile de faire soi-même les calculs nécessaire pour déterminer le nombre de mailles dans toutes les parties d'un filet, lorsqu'on s'est donné, comme point de départ, les dimensions de ce filet et le côté de la maille.

Tableau des diagonales des mailles de 0^m,002256 (une ligne, pied métrique) à 0^m,081216 (36 lignes) devant servir à déterminer les diamètres et les circonférences des filets.

Lignes ou pied métrique.	Fractions du mètre.	Diagonales.
1 ligne.........	0,002256	0,003190
2 —	0,004512	0,006380
3 —	0,006768	0,009571
4 —	0,009024	0,012761
5 —	0,011280	0,015951
6 —	0,013536	0,019142
7 —	0,015792	0,022332
8 —	0,018048	0,025522
9 —	9,020304	0,028712
10 —	0,022560	0,031903
11 —	0,024816	0,035093
12 —	0,027072	0,038283
13 —	0,029328	0,041473
14 —	0,031584	0,044664
15 —	0,033840	0,047854
16 —	0,036096	0,051044
17 —	0,038352	0,054234
18 —	0,040608	0,057425
19 —	0,042864	0,060615
20 —	0,045120	0,063805
21 —	0,047376	0,066995
22 —	0,049632	0,070186
33 —	0,051888	0,073376
24 —	0,054144	0,076566
25 —	0,056400	0,079756
26 —	0,058656	0,082947
27 —	0,060912	0,086137
28 —	0,063168	0,089327
29 —	0,065424	0,092517
30 —	0,067680	0,095708
31 —	0,069936	0,098890
32 —	0,072192	0,102088
33 —	0 074448	0,105278
34 —	0,076704	0,108469
35 —	0,078960	0,111659
36 —	0,081216	0,114849

Les filets de toute espèce peuvent être faits facilement lorsqu'on sait établir les filets des deux formes
suivantes et qui sont les formes types.

1° Filets plats carrés.

2° Filets cylindriques.

Les autres formes ne sont que des combinaisons
des deux formes types.

Ainsi, les filets rectangulaires plats ne sont qu'un
dérivé des filets carrés ; de même. les filets coniques
et les filets plats circulaires ne sont que des combinaisons des filets cylindriques.

En outre, il arrive fréquemment que des combinaisons de nappes plates rectangulaires réunies donnent des formes de pyramides à base rectangulaire,
comme dans les échiquiers.

De même certains filets construits dans ces formes
primitives ou dans leurs combinaisons, prennent des
tout autres formes, par la manière dont ils sont
montés, soit sur les cordes ou cordelettes. soit sur les
cercles ou courbes demi-circulaires nécessaires à leur
usage.

Nous allons examiner d'abord comment on déter-
mine d'avance le nombre de mailles pour chacune des
deux formes types ci-dessus lorsque, comme nous
l'avons dit plus haut, on s'est préalablement donné
les dimensions du filet et le côté de la maille.

Nous examinerons ensuite les diverses combinaisons que peuvent produire, entr'elles, ces deux formes
types.

1º Filets plats carrés.

Supposons que nous ayons à construire une nappe plate carrée de 4ᵐ00 de côté et en mailles de 0ᵐ015792 de côté.

Nous avons besoin de connaître sur combien de mailles nous devons commencer ce filet et combien nous devons faire de tours.

Nous ferons remarquer ici, *et une fois pour toutes*, que pour obtenir une longueur de N mailles, il faut faire 2N tours de filet (N étant le nombre de mailles).

D'après le tableau précédent la maille de 0ᵐ015792 de côté a une diagonale de 0ᵐ022332.

Dans une largeur de 4 mètres, le nombre de mailles de 0ᵐ015792 de côté sera $\dfrac{4^m}{0^m022332} = 179$.

Nous devrons donc commencer notre filet sur 179 mailles et faire 358 tours.

On comprend de suite que pour une nappe rectangulaire, c'est-à-dire plus longue que large, on n'a qu'à augmenter le nombre de tours d'autant que l'on veut donner de longueur en plus.

2º Filets cylindriques.

Avant d'entrer dans les calculs qui sont nécessaires pour déterminer le nombre de mailles et le nombre

de tours pour faire un filet cylindrique de dimensions
déterminées, nous avons une observation à faire.

Pour fermer régulièrement chaque tour de maille
d'un filet cylindrique et ne rien enlever à la bonne
tournure du filet, le moyen le plus convenable consiste, lorsqu'on attache (fig. 9) le fil de la navette, E
à la ficelle B, sur laquelle se fait le premier tour, à
laisser pendre à ce fil un bout D, dit *fil courant*, d'une
longueur suffisante pour le nombre de tours à tisser avec le même fil.

Lorsque le premier tour de mailles est terminé,
(fig. 28) on réunit ce fil courant A à celui de la na-

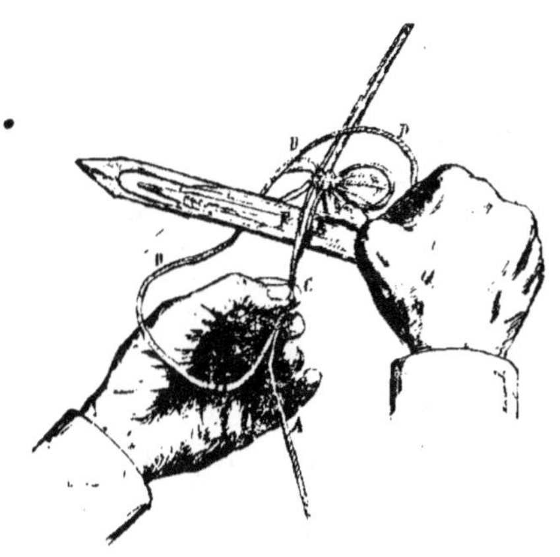

Fig. 28.

vette B en pinçant de la main gauche ces deux fils
à la longueur de la première ou de la dernière maille
en C et on les noue ensemble par un nœud fait *sur*

le pouce de la main gauche, la main droite faisant
faire au fil de la navette, un cercle de gauche à droite
en DDD (fig. 28), la navette passant sous les deux fils
pincés ensemble en E pour ressortir en F où la main
droite la resaisit et tire dessus pour serrer le nœud
en C, afin d'obtenir une maille exactement formée en

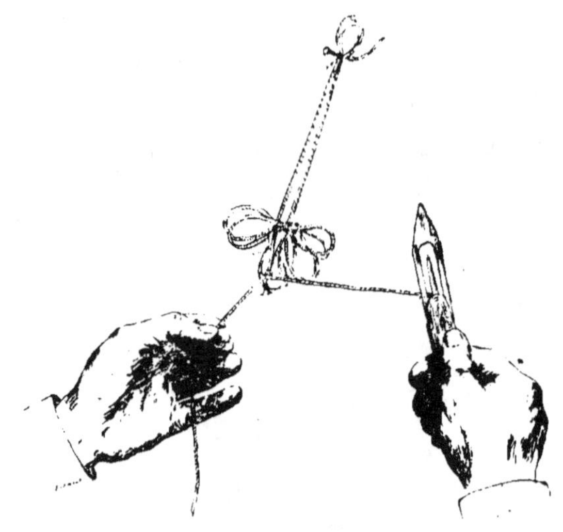

Fig. 29.

A (fig.29) comme si elle avait été faite, et sur le moule et par un nœud sous le petit doigt puis, comme le
nœud de cette maille ainsi fait est toujours tenté de
glisser, on le consolide en faisant avec les deux fils, celui de la navette et le fil courant, un nœud ordinaire
tout contre le nœud de cette dernière maille du tour,
en A (fig. 29). On agit de même à *chaque tour pour
le fermer.*

Dans le cas où l'on devra changer de grosseur de fil, on attachera, *le plus près possible du nœud de la maille de fermeture*, le nouveau fil de la navette à l'ancien qui aura été coupé, ainsi qu'un nouveau fil courant à l'ancien mais, seulement de la longueur suffisante pour le nombre de tours à faire avec ce fil de grosseur différente. — On renouvelle le fil courant chaque fois que cela est nécessaire.

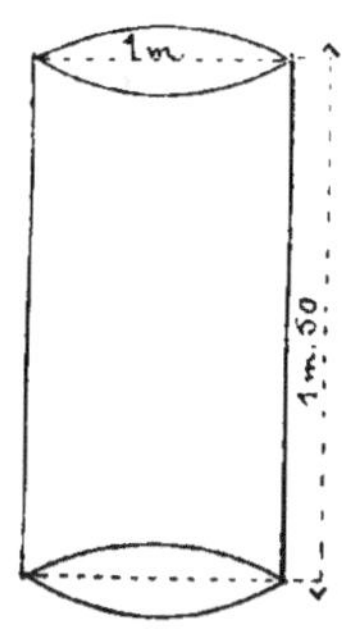

Fig. 30.

Par ce moyen on a, non seulement un filet très régulier, puisque chaque tour est convenablement fermé, mais encore un filet plus facile à monter et qui pêche bien.

Revenons maintenant à la construction d'un filet cylindrique.

Supposons que nous voulions faire un filet cylindrique d'un mètre de diamètre et de 1^m 50 de longueur (fig. 30), en mailles de 0^{m}031584 de côté.

D'après le tableau précédent la diagonale de la maille de 0ᵐ031584 est de 0ᵐ044664.

La circonférence d'un cercle étant donnée par la formule $2 \pi r = C$, dans laquelle $\pi = 3.1415926$ (constante) et r représente le rayon.

Nous aurons pour notre filet $C = 2 \times 3.1415926$

$$\times \frac{1.00}{2} = 3^m,1415926.$$

Le nombre de mailles dans cette circonférence sera $\dfrac{3.1415926}{0^m,044664} = 70.3$ soit en nombre rond 70.

Nous commencerons donc notre filet sur 70 mailles.

Nota — C'est ici le cas de faire remarquer que l'on devra faire seulement 69 mailles sur le moule, la 70ᵉ se trouvant formée par la réunion du *fil courant* du commencement du filet avec *le fil de la navette*.

Le nombre de mailles pour la longueur de 1ᵐ50 se déterminera comme pour un filet plat et nous aurons ce nombre de mailles en divisant cette longueur par la diagonale, ce qui nous donne $\dfrac{1^m50}{0^m044664} = 33$ mailles 5 soit 67 tours.

Combinaisons dérivés de la forme cylindrique.

Les combinaisons qui dérivent de la forme cylindrique sont les :

1º *Filets coniques.*

2º *Filets plats circulaires.*

Si on voulait faire des filets géométriquement cylindriques et géométriquement plats circulaires, on
serait obligé de faire, sur chaque tour, des élargissures ; mais ce procédé serait trop difficile en ce
qu'il nécessiterait une attention constante de calcul,
de la part de l'ouvrier. On évite cet inconvénient,
dans la pratique en faisant un certain nombre de
tours sans élargissures et en reportant le nombre d'é-
largissures nécessaires sur un seul tour, c'est ce que
nous allons faire voir dans les détails qui suivent.

1º Filets coniques.

Supposons que nous voulions un filet de forme conique, ayant 1ᵐ20 de hauteur et 0ᵐ80 de diamètre à la
base, et en mailles de 0ᵐ031584 de côté.

La première chose à faire est de déterminer la
longueur A.B, (fig. 31) ci-contre, de la génératrice
du cône.

D'après le théorème de géométrie que le carré de l'hypothénuse d'un triangle rectangle est égal à la

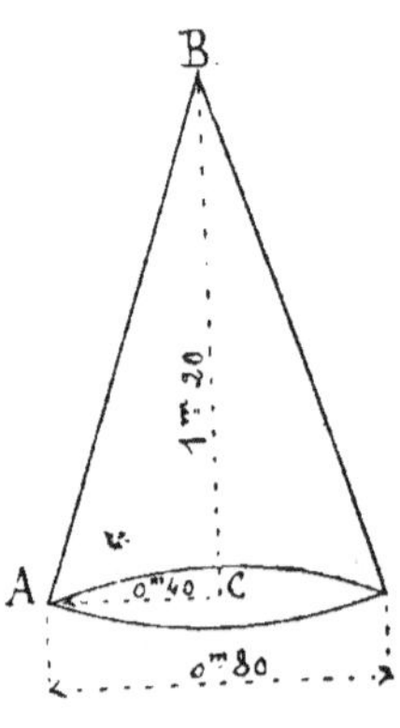

Fig. 31.

somme des carrés construits sur les autres côtés, nous aurons.

$$\overline{AB^2} = \overline{AB^2} + \overline{BC^2}$$ d'où AB $= \sqrt{\overline{AC^2} \times \overline{BC^2}}$ et, dans le cas proposé :

AB $= \sqrt{\overline{0.40^2} + \overline{1.20^2}} = 1^m265$ à un millimètre près.

Pour avoir le nombre de mailles sur la génératrice AB du cône, il nous faut diviser la longueur de cette génératrice par la diagonale de la maille 0ᵐ044664 et nous aurons :

$$\frac{1^m265}{0^m,044664} = 28 \text{ mailles } 3 \text{ dixièmes, soit } 56 \text{ tours en}$$
chiffre rond.

D'après ce que nous avons dit, nous décomposerons

notre cône en 7 cylindres comme il est indiqué à la fig. 31.

Comme il nous faut 56 tours, nous donnerons à chaque cylindre 8 tours de longueur, ce qui, pour les sept nous donnera les 56 tours nécessaires.

Il nous faut maintenant déterminer le nombre de mailles pour la circonférence de chaque cylindre : nous allons en donner le moyen géométrique :

D'après les données primitives fig. 31 nous avons AB = 40 et BC = 1.20.

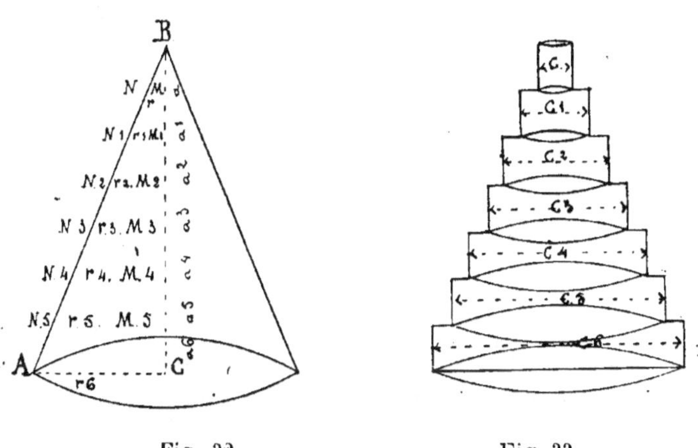

Fig. 32   Fig. 33.

Nos sept cylindres ayant chacun le même nombre de mailles, auront par conséquent même hauteur ; et la hauteur de chacun sera égale au septième de la hauteur totale. Nous aurons donc : fig. 32.

$$a = a_1 = a_2 = a_3 = a_4 = a_5 = a_6 = \frac{B.C}{7} = \frac{1.20}{7} = 0,1714$$

Nous déduirons de là les hauteurs suivantes ;

$$a = 0.^{m}71 = BM$$
$$a + a_1 = 0.342 = BM_1$$
$$a + a_1 + a_2 = 0.513 = BM_2$$
$$a + a_1 + a_2 + a_3 = 0.684 = BM_3$$
$$a + a_1 + a_2 + a_3 + a_4 = 0.855 = BM_4$$
$$a + a_1 + a_2 + a_3 + a_4 + a_5 = 1.026 = BM_5$$
$$a + a_1 + a_2 + a_3 + a_4 + a_5 + a_6 = 1.20 = BC$$

La géométrie démontre que dans les triangles semblables les bases sont proportionnelles aux hauteurs nous aurons $\dfrac{r}{MB} = \dfrac{r_1}{M_1B} = \dfrac{r_2}{M_2B} = \dfrac{r_3}{M_3B} =$ etc., etc., et en effectuant les calculs, nous avons $r = 0{,}571$, $r_1 = 0{,}1142$, $r_2 = 0{,}1713$, $r_3 = 0{,}2284$, $r_4 = 0{,}2855$, $r_5 = 0{,}3426$, $r_6 = 0{,}3997$, soit : $0{,}40$.

Ayant ces rayons et d'après la formule $C. = 2\,\pi r$ nous déterminerons les circonférences C, C_1, C_2, C_3, C_4, C_5, C_6. (fig. 33).

En divisant ces circonférences par la diagonale $0^m 044664$ de la maille adoptée, nous aurons le nombre de mailles pour la circonférence de chaque cylindre, comme il est indiqué ci-dessous :

$$C = 2\,\pi r = 2 \times 3.1415926 \times 0.0571 = 0.358770 \text{ soit } 8 \text{ mailles}$$
$$C_1 = 2\,\pi r_1 = 2 \times 3.1415926 \times 0.1142 = 0.717540 \text{ soit } 16 \text{ id.}$$
$$C_2 = 2\,\pi r_2 = 2 \times 3.1415926 \times 0.1713 = 1.076310 \text{ soit } 24 \text{ id.}$$
$$C_3 = 2\,\pi r_3 = 2 \times 3.1415926 \times 0.2284 = 1.435179 \text{ soit } 32 \text{ id.}$$
$$C_4 = 2\,\pi r_4 = 2 \times 3.1415926 \times 0.2855 = 1.793849 \text{ soit } 40 \text{ id.}$$
$$C_5 = 2\,\pi r_5 = 2 \times 3.1415926 \times 0.3426 = 2.152619 \text{ soit } 48 \text{ id.}$$
$$C_6 = 2\,\pi r_6 = 2 \times 3.1415926 \times 0.40 = 2.511389 \text{ soit } 56 \text{ id.}$$

Nous ferons donc :

1er cylindre. — 1° un cylindre de 8 mailles de tours et de 8 tours de longueur.

2e cylindre. — 2° Sur le 9e tour il faut 16 mailles, nous élargirons donc de 8 mailles, c'est-à-dire, en faisant une élargissure après avoir fait une maille ordinaire; nous ferons ensuite 7 tours ordinaires, qui auront chacun 16 mailles et qui, avec le tour portant les élargissures, formera notre second cylindre de 16 mailles de pourtour et de 8 tours de longueur.

3e cylindre. — Sur le 17e tour, il faut 24 mailles, c'est donc encore 8 mailles à élargir ; comme le 16e tour a 16 mailles, nous élargirons de *1 maille sur 3*, c'est-à-dire que nous ferons 2 mailles ordinaires puis 1 élargissure et ainsi de suite jusqu'à ce que le tour soit terminé. Nous ferons ensuite 7 tours ordinaires, qui auront chacun 24 mailles de pourtour et qui formeront notre 3e cylindre de 8 tours de longueur.

4e cylindre. — Sur le 25e tour il faut 32 mailles, c'est donc encore 8 mailles à élargir ; comme le 24e tour a 24 mailles nous élargirons de *1 maille sur 4*, c'est à dire que nous ferons 3 mailles ordinaires puis 1 élargissure et ainsi de suite jusqu'à ce que le tour soit terminé. Nous ferons ensuite 7 tours ordinaires qui complèteront notre 4e cylindre.

5e cylindre. — Sur le 33e tour il nous faut 40 mailles c'est donc encore 8 mailles à élargir ; comme le 32e tour a 32 mailles nous élargirons de *1 maille sur 5*, c'est-à-dire que nous ferons 4 mailles ordinaires puis 1 élargissure et ainsi de suite jusqu'à ce que le tour soit terminé. Nous ferons ensuite 7 tours ordinaires ce qui complétera notre 5ᵉ cylindre.

6ᵉ cylindre. — Sur le 41ᵉ tour il nous faut 48 mailles c'est donc encore 8 mailles à élargir ; comme le 40ᵉ tour a 40 mailles nous élargirons de *1 maille sur 6*, c'est-à-dire que nous ferons 5 mailles ordinaires puis 1 élargissure et ainsi de suite jusqu'à ce que le tour soit terminé. Nous ferons ensuite 7 tours ordinaires ce qui complétera notre 6ᵉ cylindre.

7ᵉ cylindre. — Sur le 49ᵉ tour il nous faut 56 mailles c'est donc encore 8 mailles à élargir ; comme le 48ᵉ tour a 48 mailles, nous élargirons *de 1 maille sur 7*, c'est-à-dire que nous ferons 6 mailles ordinaires puis 1 élargissure et ainsi de suite jusqu'à ce que le tour soit terminé. Nous ferons ensuite 7 tours ordinaires ce qui complétera notre 7ᵉ cylindre et par suite notre cône.

Nous aurions pu, tout en conservant les mêmes dimensions à notre filet conique, augmenter le nombre des cylindres qui le composent. La théorie des calculs serait la même.

Nous venons d'indiquer le moyen de faire un filet conique, mais composé seulement de mailles ayant, toutes, les mêmes dimensions. Il peut arriver que, pour satisfaire à des conditions résultant de l'usage auquel le filet se trouve destiné, on ait à construire un filet conique composé de mailles différentes ; ainsi on peut avoir à construire un filet conique dont les

mailles, à la base, doivent avoir une dimension moindre que celles qui formeront le sommet, ou récipro-
quement.

Nous allons examiner un des deux cas et, la marche que nous suivrons dans nos calculs, sera suffisante pour qu'on puisse facilement faire les calculs
pour le second cas.

Supposons que nous voulions faire un filet conique
de mêmes dimensions que celui indiqué ci-dessus,
c'est-à-dire ayant 1^m 20 de hauteur et 0^m 80 de diamètre à la base, mais composé, à partir du sommet, de
mailles décroissant successivement, savoir :

1o mailles de	0.040608	de côté dont la diagonale est	0.057425
2o id.	0.038352	id. id.	0,054234
3o id.	0.036096	id. id.	0.051044
4o id.	0.033840	id. id.	0.047854
5o id.	0.031584	id. id.	0.044664

Supposons en outre que sur une certaine hauteur
de 0^m 40 à partir de la base, nous voulions qu'il soit
construit en mailles de 0.031584.

Nous avons des données auxquelles il faut d'abord
satisfaire, c'est de nous assurer des mailles de 0.031584
de côté, qui doivent former la partie inférieure du
cône sur 0^m 40 de hauteur ; ces mailles occuperont
donc toute la partie comprise entre les deux circonférences dont les rayons sont r'_3 et r'_4 (fig. 34).

Nous devons donc déterminer d'abord le rayon r'_3
et la partie de la génératrice du cône N_3A.

Nous nous servons encore du théorème de géométrie, cité plus haut, sur les triangles semblables.

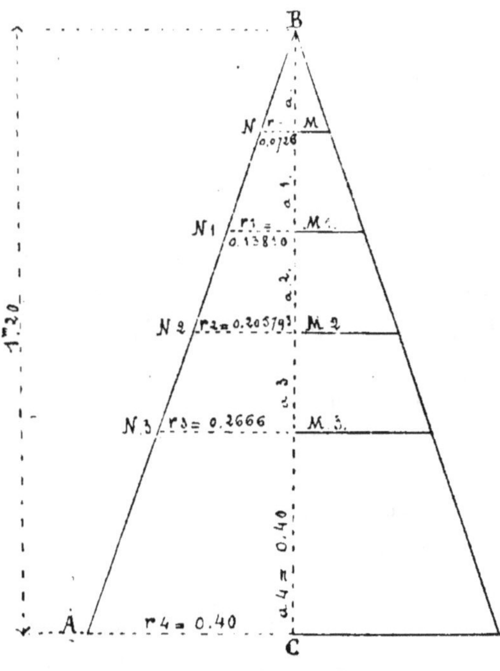

Fig. 34.

Les triangles BN_3M_3 et BAC sont semblables et nous
avons $\dfrac{BA}{N_3A} = \dfrac{BC}{M_3C}$

Or, nous avons trouvé, plus haut, dans l'article précédent que $BA = 1.265$.

Nous savons que $BC = 1.20$ et que $M_3C = 0.40$; dans
la proportion ci-dessus : en remplaçant les quantités

littérales connues par leur valeur, nous avons :

$$\frac{1.265}{N_3A} = \frac{1.20}{0.40}$$

d'où

$$N_3A = \frac{1.265 \times 0.40}{1.20} = 0.42166.$$

Les mêmes triangles nous donnent aussi :

$$\frac{BC}{BM_3} = \frac{AC \ ou \ r_4}{r_3}$$

or, $BC = 1.20$

$BM_3 = BC - M_3C = 1.20 - 0.40 = 0.80 \ r_4 = 0.40$

En remplaçant les quantités littérales par leurs valeurs nous aurons :

$$\frac{1.20}{0.80} = \frac{0.40}{r_3}$$

d'où

$$r_3 = \frac{0.80 \times 0.40}{1.20} = 0.2666.$$

Nous nous donnerons ensuite arbitrairement le nombre de tours que nous voulons faire avec des mailles de 0.040608 de côté.

Soit 8 le nombre de ces tours.

La portion de la génératrice BN sera égale à 8 fois la moitié de la diagonale de la maille de 0.040608 de côté, soit :

$$BN = 8 \times \frac{0.057425}{2} = 0.22971$$

Nous déterminerons le rayon r par la proportion

$$\frac{BA}{r_4} = \frac{BN}{r}$$

or :

$$BA = 1.265 \qquad r_1 = 0.40 \qquad BN = 0.22971$$

remplaçant par les valeurs numériques, nous avons

$$\frac{1^m,265}{0^m,40} = \frac{0^m,22971}{r} \text{ d'où } r = \frac{0,40 \times 0,22971}{1,265} = 0^m.0726.$$

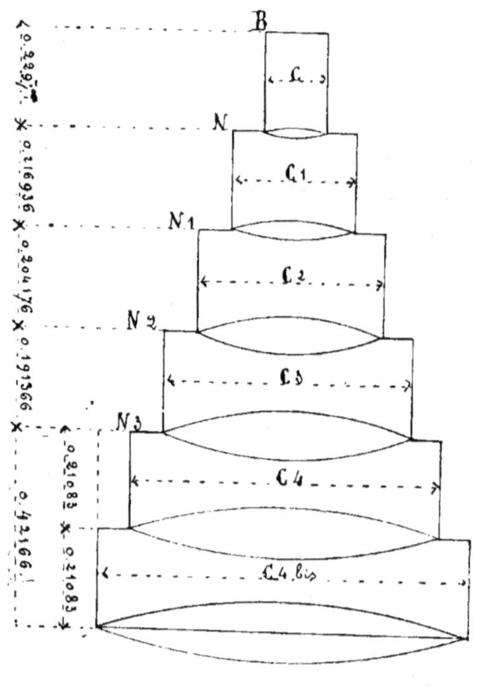

Fig. 35.

La circonférence correspondante est donnée par la formule $2\pi r = 2 \times 3,1415926 \times 0^m0726 = 0,456159$ et, en divisant par la diagonale de la maille, nous avons

le nombre de mailles soit : $\dfrac{0.456159}{0.057425} = 7$ mailles 9 dixièmes soit : 8 mailles.

Nous ferons donc notre premier cylindre (Fig. 35),
en mailles de $0^m040608$ de côté, sur 8 mailles de pourtour et avec 8 tours.

Passons maintenant au deuxième cylindre : le plus
que nous puissions élargir sur le premier cylindre
qui a 8 mailles, est de 8 mailles; nous ferons donc
notre second cylindre à 16 mailles ; mais, ce sont des
mailles de $0^m038352$ de côté; ces 16 mailles, sur la
circonférence, donneront un développement de
$16 \times 0^m054234 = 0^m867744$ soit : 0^m90 ; $0^m054234$ étant
la diagonale de cette maille.

Ayant cette circonférence que nous appellerons C_1,
nous aurons le rayon r_1, par la formule

$$r_1 = \frac{0^m867744}{2 \times 3.1415926} = 0^m13810.$$

Connaissant ce rayon r_1 nous pouvons, par la simi-
litude des triangles NMB et N_1M_1B, déterminer la
portion de la génératrice NN_1, nous trouvons ainsi
$NN_1 = 0^m20724$.

Mais il faut que cette portion de la génératrice soit
un nombre exact de tours à la maille de $0^m038352$ de
côté.

Ce nombre de tours est donné par la formule
$\dfrac{0.20724}{0.054234} \times 2 = 7$ tours 6 dixièmes, soit 8 tours, et alors

le chiffre à prendre pour NN_1 devient cette fois exactement $NN_1 = 8 \times \dfrac{0^m 054234}{2} = 0^m 216936$.

Il ne nous reste plus à déterminer que les longueurs $N_1 N_2$ et $N_2 N_3$ ainsi que le rayon r_2 et la circonférence correspondante.

La longueur totale $N_1 N_3$ est la différence entre la génératrice totale $1^m 265$ et la somme des longueurs $BN_1 + N_3 A$.

$$\text{Or} \quad BN_1 = 0.22971 + 0.216936 = 0.446646$$
$$\text{et} \quad N_3 A = \underline{0.42166}$$
$$\text{donc} \quad BN_1 + N_3 A = 0.868306$$

Par suite $N_1 N_3 = 1^m 265 - 0.868306 = 0^m 396694$

Pour nous rapprocher autant que possible de ce chiffre nous ferons

$$N_1 N_2 = 0.204176$$
$$N_2 N_3 = 0.191366$$

d'où $N_1 N_3 = N_1 N_2 + N_2 N_3 = 0.395542$ ne différant que de $0^m 001154$ de la valeur trouvée précédemment, on aura donc : $N_1 N_2 = 0.204176$ ou 8 tours en mailles de $0^m 036096$ et $N_2 N_3 = 0.191366$ ou 8 tours en mailles de $0^m 033840$.

Nous déterminerons par des calculs analogues à ceux précédents, le rayon r_2 que nous trouvons égal à 0.205793.

Tous les rayons étant connus, nous pouvons déterminer les circonférences correspondantes et le nombre de mailles de chacune et, par conséquent le nombre d'élargissures pour passer d'un cylindre à un autre, ce qui résume le tableau ci-après.

	Côté de la maille.	Diagonale de la maille.	Longueur de la génératrice en passant par la diagonale.	Nombre de tours correspondant.	Rayons des cylindres.	Circonférences des cylindres.	Nombre de mailles correspondant.	Nombre d'élargissures pour passer d'un cylindre à un autre.
1er cylindre...	0,040608	0,057425	$BN = 0,22971$	8	$r = 0,07260$	$c = 0,456159$	8	
								8
2e cylindre ...	0,038352	0,054234	$NN_1 = 0,216936$	8	$r_1 = 0,13816$	$c_1 = 0,867744$	16	
								9
3e cylindre ...	0,036096	0,051044	$N_1N_2 = 0,204176$	8	$r_2 = 0,205793$	$c_2 = 1,293035$	25	
								10
4e cylindre ...	0,033840	0,047854	$N_2N_3 = 0,191366$	8	$r_3 = 0,26660$	$c_3 = 1,675097$	35	
								20
5e cylindre ...	0,031584	0,044664	$N_3A = 0,42166$	18	$r_4 = 0,40$	$c_{bis} = 2,513273$	55	

Pour passer d'un cylindre à un autre nous pouvons à volonté, élargir du nombre donné dans la dernière colonne, sur le premier tour du cylindre, ou partager le nombre des élargissures sur plusieurs tours, mais en ayant toujours soin que le nombre d'élargissures soit suffisant pour qu'il n'en résulte pas d'étranglement.

De même, pour économiser du fil et rendre le filet aussi régulier que possible, il faut éviter que la longueur de chaque cylindre dépasse en moyenne 0^m25 à 0^m30, mesuré sur les diagonales. Ainsi, au lieu de faire, dans le cas précité, le 5me cylindre sur 0^m42166 de longueur, nous pourrons calculer une circonférence intermédiaire entre C_3 et C_4 bis, comme l'indile tracé de la fig. 35.

Sachant construire un filet conique complet, comme nous venons de le voir, nous n'avons pas besoin d'expliquer comment on ferait les calculs pour un cône tronqué. Ainsi, nous pourrions n'avoir à construire que la partie N_1 et A du cône (fig. 34) ; dans ce cas, nous commencerions notre filet en donnant au cylindre 25 mailles de tour, correspondant à la circonférence C_2.

Dans l'étude que nous venons de faire, nous avons supposé que nous commencions le cône par le sommet, il peut arriver que, pour ne pas faire un filet de deux pièces et les raccorder ensuite par une couture, on doive commencer la partie conique par la base ;

les calculs à faire seront identiques, seulement
pour passer d'un cylindre à un autre on fera des étrécissures.

2º Filets plats circulaires.

Les filets ou nappes plates circulaires se composent
comme les filets coniques d'un certain nombre de
parties cylindriques, et les calculs que l'on a à faire
pour en déterminer le nombre de mailles et le nombre
de tours, sont basés sur les mêmes principes et ont
beaucoup d'analogie.

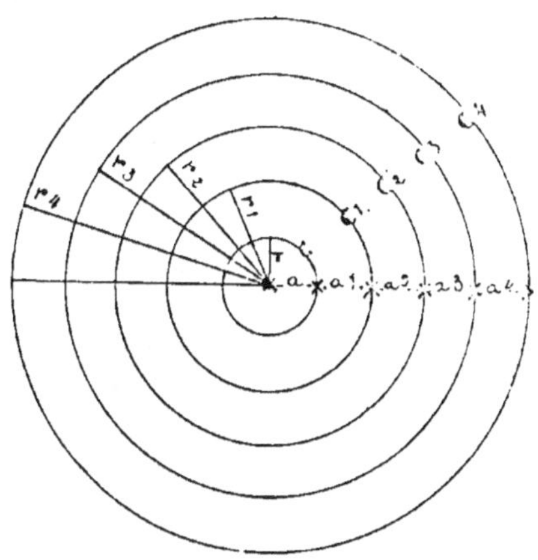

Fig. 36.

Nous allons, comme pour les filets coniques, donner
une application.

Supposons que nous voulions faire une nappe circulaire de 2^{m}40 de diamètre ou 1^{m}20 de rayon et avec des mailles de 0^{m}031584 de côté.

Le rayon r_1 ayant 1^{m}20 de longueur, voyons combien il nous faudra de tours en mailles de 0^{m}031584 dont la diagonale est 0^{m}044664.

Ce nombre nous est donné par la formule $\dfrac{1^m20}{0,044664}$ = 26 mailles 8 dixièmes soit 53 tours.

Dans la fig. 36 ci-dessus nous supposerons que nous faisons cinq cylindres et nous traçons cinq cercles concentriques représentant nos cinq cylindres, chaque cylindre aura pour longueur

$$a, a_1, a_2, a_3, a_4.$$

Comme il nous faut 53 tours, nous ferons :

$$a = 10 \text{ tours} = 10 \times \frac{0,044664}{2} = 0,22332$$

$$a_1 = 10 \text{ tours} = 10 \times \frac{0.044664}{2} = 0,22332$$

$$a_2 = 11 \text{ tours} = 11 \times \frac{0,044664}{2} = 0,24565$$

$$a_3 = 11 \text{ tours} = 11 \times \frac{0.044664}{2} = 0,24565$$

$$a_4 = 11 \text{ tours} = 11 \times \frac{0,044664}{2} = 0,24565$$

53 tours ensemble   1.18359

On voit de suite que $r = a$, $r_1 = a + a_1$, etc.

Nous en déduisons de suite

$$r = 0,22332$$
$$r_1 = 0,44664$$
$$r_2 = 0,69229$$
$$r_3 = 0,93794$$
$$r_4 = 1,18359$$

Connaissant ces rayons, nous déterminerons facilement les circonférences C, C_1, C_2, C_3, etc., etc., (fig. 37), et par suite le nombre de mailles à faire sur chaque circonférence.

En effectuant ces calculs, nous arriverons à résumer le travail dans le tableau ci-dessous :

	Côté de la maille.	Diagonale de la maille.	Longueur de chaque cylindre en passant par la diagonale (a, a_1, a_2, a_3, etc.)	Nombre de tours correspondant.	Rayons des cylindres.	Circonférences des cylindres.	Nombre de mailles correspondant.	Nombre d'élargissures pour passer d'un cylindre à un autre.
1er cylindre...	0,031584	0,044664	$a = 0,22332$	10	$r = 0,22332$	$c = 1,403161$	31	32
2e cylindre...	0,031584	0,044664	$a_1 = 0,22332$	10	$r_1 = 0,44664$	$c_1 = 2,816322$	63	34
3e cylindre...	0,031584	0,044664	$a_2 = 0,24565$	11	$r_2 = 0,69229$	$c_2 = 4,349786$	97	35
4e cylindre...	0,031584	0,044664	$a_3 = 0,24565$	11	$r_3 = 0,93794$	$c_3 = 5,893251$	132	36
5e cylindre...	0,031584	0,044664	$a_4 = 0,24565$	11	$r_4 = 1,18359$	$c_4 = 7,436715$	168	

Avec ce tableau il est facile de construire la nappe demandée.

Nous pouvons, comme dans la construction des filets coniques, vouloir que la nappe ne soit pas en mailles uniformes, mais composée de mailles dont le côté décroît à partir du sommet ou centre de la nappe.

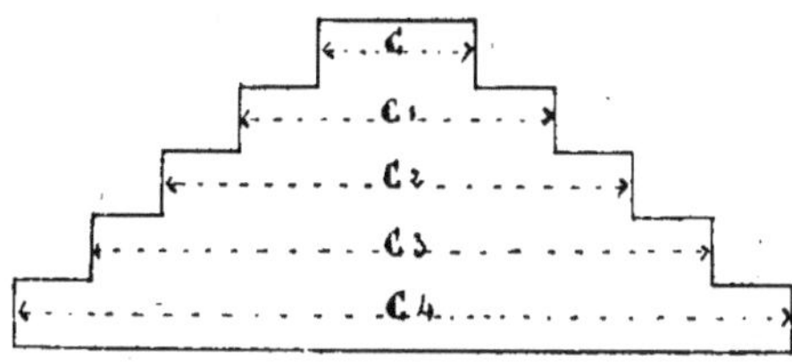

Fig. 37.

C'est généralement ainsi que les éperviers sont établis.

Supposons que nous voulions construire une nappe circulaire, des mêmes dimensions que la précédente, mais dont les mailles, à partir du sommet soient de :

1° 0.040608 de côté
2° 0.038352 id.
3° 0.036096 id.
4° 0.033840 id.
5° 0.031584 id.

En conservant les mêmes indications que dans les fig. 36 et 37 qui précèdent et, en procédant d'une manière analogue à celle que nous avons employée pour les cônes à mailles variables, nous arriverons par des calculs basés sur les mêmes principes, à résumer le travail dans le tableau qui suit :

	Côté de la maille.	Diagonale de la maille.	Longueur de chaque cylindre en passant par la diagonale.	Nombre de tours correspondant.	Rayons des cylindres.	Circonférences des cylindres.	Nombre de mailles correspondant.	Nombre d'élargissures pour passer d'un cylindre à un autre.
1er cylindre...	0,040608	0,057425	$a = 0,228900$	8	$r = 0,228900$	$c = 1,438211$	25	30
2e cylindre ...	0,038352	0,054234	$a_1 = 0,244053$	9	$r_1 = 0,472953$	$c_1 = 2,971651$	55	31
3e cylindre ...	0,036096	0,051044	$a_2 = 0,229698$	9	$r_2 = 0,702651$	$c_2 = 4,414886$	86	38
4e cylindre ...	0,033840	0,047854	$a_3 = 0,239270$	10	$r_3 = 0,941921$	$c_3 = 5,948264$	124	46
5e cylindre ...	0,031584	0,044664	$a_4 = 0,267984$	12	$r_4 = 0,209905$	$c_4 = 7,602057$	170	

Avec ce tableau, il sera facile de construire la nappe circulaire proposée.

C'est ici le cas de faire une observation générale relative aux élargissures lorsqu'on passe d'un cylindre au suivant :

Pour que le filet ait la régularité voulue, il faut que les élargissures soient, autant que possible, uniformément réparties sur toute la circonférence ; cela est facile lorsque le nombre de mailles du premier cylindre est un multiple exact du nombre d'élargissures à faire pour passer au cylindre suivant :

Ainsi, si nous avons, par exemple, un cylindre qui ait 120 mailles de pourtour et que l'on doive, pour passer au cylindre suivant, faire 30 élargissures ; comme le quotient de 120 divisé par 30 est exactement 4, c'est à-dire que nous avons $\dfrac{120}{30} = 4$, il ressort de là que nous devons élargir successivement de *1 maille sur 5*, c'est-à-dire, faire successivement 4 mailles ordinaires puis 1 élargissure.

Mais dans le cas où le nombre de mailles du 1er cylindre n'est pas un multiple exact du nombre d'élargissures à faire pour passer au cylindre suivant, il y a deux méthodes qui sont :

1° De prendre, alternativement et dans certaines proportions, des nombres différents de mailles ordinaires entre deux élargissures successives.

2° De répartir sur plusieurs des premiers tours du second cylindre le nombre total des élargissures, en laissant toujours, entre chaque élargissure et pour chaque tour, un nombre égal de mailles intermédiaires.

Nous allons examiner comment nous procéderons dans ces deux cas.

Nous prendrons, pour exemple, dans le dernier tableau ci-dessus, la transition du 3ᵉ au 4ᵉ cylindre, c'est-à-dire un cylindre de 86 mailles de pourtour sur lequel nous devrons faire 38 élargissures.

1ᵉʳ Cas.

Faire toutes les élargissures sur le même tour.

En divisant 86 par 38 nous avons pour quotient 2 et il nous reste 10. Il est évident que si nous faisions successivement une élargissure après deux mailles ordinaires il nous resterait encore, pour terminer le tour, à faire 10 mailles ordinaires sans élargissures, ce qui donnerait une répartition irrégulière des élargissures. Nous devons donc répartir ces 10 mailles ordinaires sur la circonférence et pour cela il suffit, dans le nombre, de faire 10 élargissures après trois mailles ordinaires et distribuer celles-ci aussi uniformément que possible sur la circonférence.

Nous ferons donc :

1º 2 mailles ordinaires puis 1 élargissure
2º 2   id.   1   id.
3º 2   id.   1   id.
4º 3   id.   1   id.
5º 2   id.   1   id.
6º 2   id.   1   id.
7º 2   id.   1   id.
8º 3   id.   1   id.
9º 2   id.   1   id.
10º 2   id.   1   id.
11º 3   id.   1   id.

Totaux : 25 mailles ordinaires et 11 élargissures

En répétant 3 fois successives cette opération nous aurons fait 75 mailles et 33 élargissures puis, en refaisant les cinq premières numérotées de 1 à 5 nous ferons encore 11 mailles et 5 élargissures et nous aurons ainsi 88 mailles et 38 élargissures uniformément réparties sur la circonférence et nous donnant 124 mailles pour le 4º cylindre.

2ᵉ Cas.

Faire les élargissures sur plusieurs tours.

Nous venons de voir, au cas précédent, que pour obtenir le nombre d'élargissures sur le même tour, nous avons dû faire, dans certaines proportions, 1 élargissure après 2 mailles ordinaires et après 3 mailles ordinaires.

Il résulte de là que si nous faisions successivement 1 élargissure après 3 mailles ordinaires nous n'aurons fait qu'une partie des élargissures nécessaires : mais il faut pour cela que le nombre de mailles 86, du premier cylindre, soit un multiple de 3, ce qui n'a pas lieu, le quotient de 86 par 3 étant 28 avec un reste de 2.

Nous ferons donc notre premier tour du 2ᵉ cylindre en faisant 1 élargissure après chaque 3 mailles, sauf une seule fois, dans le tour, après 2 mailles et nous aurons alors pour ce tour 86 ord. $+$ 29 élarg. $=$ 115 mailles.

Les 9 élargissures restant à faire se répartiront sur le 2ᵉ tour de la façon suivante car le quotient de 115 par 9 n'est pas non plus un nombre exact.

1° 12 mailles ordinaires puis	1 élargissure		
2° 13	id.	1	id.
3° 13	id.	1	id.
4° 13	id.	1	id.
5° 13	id.	1	id.
6° 12	id.	1	id.
7° 13	id.	1	id.
8° 13	id.	1	id.
9° 13	id.	1	id.

Totaux 115 mailles ordinaires et 9 élargissures.

Si par hasard, le nombre de mailles du 1ᵉʳ cylindre

est un multiple de 3 et si nous avons, par exemple, 84 mailles ordinaires et 36 élargissures à faire, nous composerons notre premier tour du 2ᵉ cylindre, en faisant 1 élargissure après chaque 3 mailles ordinaires, ce qui nous donnera pour ce tour : 84 ord. + 28 élarg. = 112 mailles.

Pour compléter notre nombre 36 d'élargissures, il faut encore en faire 8 ; elles peuvent se faire exacte-ment sur le 2ᵉ tour, car $\frac{112}{8} = 14$ exactement. Nous fe-rons donc successivement sur le 2ᵉ tour 1 élargissure après 14 mailles ordinaires, ce qui nous donnera pour ce tour 112 ord. + 8 élarg. = 120 mailles. Ce qui com-plète notre nombre total d'élargissures.

Il faut avoir soin, sur le second tour, de faire cha-que élargissure entre 2 mailles ordinaires du tour pré-cédent, afin de ne pas avoir de glissements de nœuds, ce qui se produirait si on faisait une élargissure en-tre une maille portant élargissure.

Comme tous ces calculs peuvent paraître ennuyeux à certains amateurs, nous donnerons dans notre traité le mode de faire chaque filet, sans qu'ils puissent avoir recours aux calculs. nous leurs recommanderons ce-pendant de bien se familiariser avec la méthode de ré-partition des élargissures, ce qui peut aussi s'appli-quer aux étrécissures, car de là dépend la régularité dans la construction de la majeure partie des filets de pêche.

CHAPITRE III.

DE LA FABRICATION DES FILETS, DE LEUR MONTAGE ET INDICA-
TION DES ENDROITS OU ILS DEVRONT ETRE LE PLUS AVANTA-
GEUSEMENT EMPLOYÉS OU POSÉS POUR Y PRENDRE DU POISSON.

De l'Epervier.

L'Epervier est, de tous les filets de pêche, celui qui exige du pêcheur le plus de pratique pour être bien lancé ; mais c'est, sans contredit aussi, celui qui lui procure le plus d'agréments.

Ce filet (fig. 38) est composé d'une nappe plate circulaire qu'une longue corde A, fixée au centre B, relève en forme de cône, au bas duquel est un large ourlet C. C. relevé dans l'intérieur par des cordelettes D. D. D. placées de distance en distance et de différentes longueurs, suivant le diamètre de l'Epervier,

Le bord de l'Epervier, avant d'être relevé *en ourlet*, est garni d'un chapelet de balles de plomb, rondes ou en forme d'olives, monté sur une corde E. E. (fig. 38) à laquelle viennent se rattacher les cordelettes qui relèvent le filet dans l'intérieur,en ourlet, et forment ainsi *les bourses*. Cette corde munie de ses balles ou olives, se nomme *la plombée* ou *couronne des balles*, la partie de l'Epervier qui part de la plombée jusqu'au sommet du cône s'appelle *la coiffe* et la longue

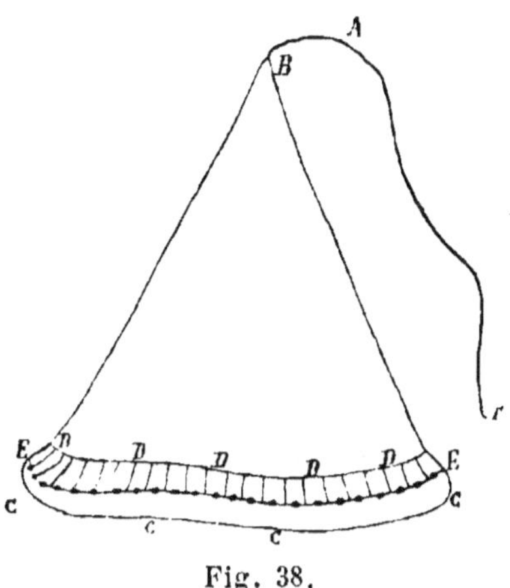

Fig. 38.

corde qui est attachée au sommet de la coiffe se nomme *corde de jet*, elle porte à son extrémité une boucle F, destinée à former un nœud coulant autour du poignet gauche du pêcheur.

Il existait jadis plusieurs espèces d'Eperviers que l'expérience a fait mettre de côté, comme pêchant mal, aussi aujourd'hui ne se sert-on plus que de l'espéce indiquée par la fig. 38. On tisse ce filet en laissant à la première maille un fil courant et en se conformant à ce qui a été dit pour les filets cylindriques page 47.

Nous allons indiquer la théorie pour la fabrication de six types d'Epervier à différentes mailles.

Type n° 1

Epervier de 500 mailles. Côté de la maille : 0^m 031, (aux bourses).

Diamètre à l'attache des bourses. 6^m 50

Diamètre à la couronne des balles.   7 mèt.

1er Cylindre. — Moule de $0^m.04$, avec du fil à trois brins, très fin.

Commencer le filet sur 50 mailles et faire 16 tours.

	Élargis-sures	Mailles ordinaires

2e Cylindre. — Même moule et même fil.

1er Tour.

	Élargissures	Mailles ordinaires
1° Faire 1 maille ordinaire............	»	1
2° Faire 1 élargissure et 3 mailles ordinaires................	1	3
3° Faire 1 élargissure et 2 mailles ordinaires................	1	2
4° Répéter 8 fois la marche A ce qui donne	16	40
5° Faire 1 élargissure et 3 mailles ordinaires................	1	3
6° Faire 1 élargissure et 1 maille ordinaire................	1	1
Totaux............	20	15

Ce qui porte le nombre de mailles à ...   70

Faire ensuite 5 tours en mailles ordinaires.

	Elargis-sures	Mailles ordinaires
3e Cylindre. — Même moule et même fil.		
1er Tour.		
Faire 1 maille ordinaire.............	»	1
2° Faire quatre fois de suite, 1 élargissure et 3 mailles ordinaires..........	4	12
3° Faire 1 élargissure et 2 mailles ordinaires...............................	1	2
4° Répéter 3 fois la marche B, ce qui donne...	15	42
5° Faire quatre fois de suite, 1 élargissure et 3 mailles ordinaires..........	4	12
6° Faire 1 élargissure et 1 maille ordinaire.	1	1
Totaux..............	25	70

B accolade les lignes 2°, 3°.

Ce qui porte le nombre de mailles à... 95

Faire ensuite 7 tours en mailles ordinaires.

	Elargis-sures	Mailles ordinaires
4e Cylindre. — Moule de 0m038 même fil.		
1er Tour.		
1° Faire 1 maille ordinaire...........	»	1
2° Faire cinq fois de suite, 1 élargissure et 3 mailles ordinaires.............	5	15
3° Faire 1 élargissure et 4 mailles ordinaires...............................	1	4
4° Répéter trois fois la marche C, ce qui donne.......................	18	57
5° Faire six fois de suite, 1 élargissure et 3 mailles ordinaires.............	6	18
Totaux..............	30	95

C accolade les lignes 2°, 3°.

Ce qui porte le nombre de mailles à.... 125

Faire ensuite 7 tours en mailles ordinaires.

	Élargis- sures	Mailles ordinaires

5e Cylindre. — Même moule et même fil.

1er Tour.

1o Faire 2 mailles ordinaires..........	»	2
2o Faire vingt-quatre fois de suite, 1 élargissure et 5 mailles ordinaires.......	24	120
3o Faire 1 élargissure et 3 mailles ordinaires.................•............	1	3
Totaux..............	25	135

Ce qui porte le nombre de mailles à :.. 150

Faire ensuite 7 tours en mailles ordinaires.

6e Cylindre. — Même moule et même fil.

1er Tour.

1o Faire 3 mailles ordinaires..........	›	3
2o Faire vingt-quatre fois de suite, 1 élargissure et 6 mailles ordinaires....	24	144
3o Faire 1 élargissure et 3 mailles ordinaires..........................	1	3
Totaux..............	25	150

Ce qui porte le nombre de mailles à ... 175

Faire ensuite 7 tours en mailles ordinaires.

7e Cylindre. — Moule de 0m036, même fil.

1er Tour.

	1o Faire 2 mailles ordinaires.........	»	2
D	2o Faire trois fois de suite, 1 élargissure et 4 mailles ordinaires.............	3	12
	3o Faire 1 élargissure et 5 mailles ordinaires.	1	5

	Élargissures	Mailles ordinaires
4° Répéter neuf fois la marche D, ce qui donne.	36	153
5° Faire 1 élargissure et 3 mailles ordinaires.	1	3
Totaux.............	41	175
Ce qui porte le nombre de mailles à...		216

Faire ensuite 9 tours en mailles ordinaires.

8° Cylindre. -- Même moule et même fil.

1er Tour.

	Élargissures	Mailles ordinaires
1° Faire 3 mailles ordinaires..........	»	3
E { 2° Faire trois fois de suite, 1 élargissure et 7 mailles ordinaires..............	3	21
3° Faire 1 élargissure et 6 mailles ordinaires.	1	6
4° Répéter six fois la marche E, ce qui donne..........................	24	162
5° Faire trois fois de suite, 1 élargissure et 7 mailles ordinaires..............	3	21
6° Faire 1 élargissure et 3 mailles ordinaires......	1	3
Totaux.............	32	216
Ce qui porte le nombre de mailles à...		248

Faire ensuite 9 tours en mailles ordinaires.

9° Cylindre. — Moule de 0m033, même fil.

1er Tour.

	Élargissures	Mailles ordinaires
1° Faire 3 mailles ordinaires...........	»	3

		Élargis- sures	Mailles ordinaires
F	2° Faire 1 élargissure et 6 mailles ordi- naires............................	1	6
	3° Faire 1 élargissure et 5 mailles ordi- naires............................	1	5
	4° Répéter vingt et une fois la marche F, ce qui donne..................	42	231
	5° Faire 1 élargissure et 3 mailles ordi- naires.	1	3
	Totaux..............	45	248

Ce qui porte le nombre de mailles à :...   293

Faire ensuite 9 tours en mailles ordinaires.

10ᵉ Cylindre. — Même moule et même fil.

1ᵉʳ *Tour*.

		Élargis- sures	Mailles ordinaires
G	1° Faire 5 mailles ordinaires..........	»	5
	2° Faire cinq fois de suite, 1 élargissure et 9 mailles ordinaires..............	5	45
	3° Faire 1 élargissure et 10 mailles ordi- naires...........................	1	10
	4° Faire six fois de suite, 1 élargissure et 9 mailles ordinaires..............	6	54
	5° Faire 1 élargissure et 10 mailles ordi- naires...........................	1	10
	6° Répéter une fois la marche G, ce qui donne	13	119
	7° Faire cinq fois de suite 1 élargissure et 9 mailles ordinaires..............	5	45
	8° Faire 1 élargissure et 5 mailles ordi- naires...........................	1	5
	Totaux..............	32	293

Ce qui porte le nombre de mailles à ...   325

	Élargis-sures	Mailles ordinaires

Faire ensuite 9 tours en mailles ordinaires.

11e Cylindre. — Moule de 0m031, même fil.

1er Tour.

	Élargis-sures	Mailles ordinaires
1o Faire 2 mailles ordinaires..........	»	
2o Faire dix fois de suite, 1 élargissure et 6 mailles ordinaires.............	10	60
3o Faire 1 élargissure et 5 mailles ordinaires	1	5
4o Répéter trois fois la marche II ce qui donne	33	195
5o Faire dix fois de suite, 1 élargissure et 6 mailles ordinaires......	10	60
6o Faire 1 élargissure et 3 mailles ordinaires...........................	1	3
Totaux.............	55	325

Ce qui porte le nombre de mailles à ... 380

Faire ensuite 10 tours en mailles ordinaires.

12e Cylindre. — Même moule et même fil.

1er Tour.

	Élargis-sures	Mailles ordinaires
1o Faire 5 mailles ordinaires..........	»	5
2o Faire six fois de suite, 1 élargissure et 11 mailles ordinaires..............	6	66
3o Faire 1 élargissure et 10 mailles ordinaires...........................	1	10
4o Répéter trois fois la marche I, ce qui donne............................	21	228
5o Faire six fois de suite, 1 élargissure et 11 mailles ordinaires............	6	66

	Élargis-sures	Mailles ordinaires
6° Faire 1 élargissure et 5 mailles ordinaires	1	5
Totaux	35	380
Ce qui porte le nombre de mailles à....		415

Faire ensuite 10 tours en mailles ordinaires.

13e Cylindre. — Même moule avec fil un peu plus gros et à 4 brins.

1er Tour.

	Élargis-sures	Mailles ordinaires
1° Faire 2 mailles ordinaires......	»	2
2° Faire sept fois de suite, 1 élargissure et 5 mailles ordinaires......	7	35
3° Faire 1 élargissure et 4 mailles ordinaires......................	1	4
4° Faire huit fois de suite, 1 élargissure et 5 mailles ordinaires......	8	40
5° Faire 1 élargissure et 4 mailles ordinaires......................	1	4
6° Répéter trois fois la marche J, ce donne........................	51	249
7° Répéter une fois la marche K, ce qui donne......................	16	79
8° Faire 1 élargissure et 2 mailles ordinaires......................	1	2
Totaux	85	415
Ce qui porte le nombre de mailles à.		500

Faire ensuite 10 tours en mailles ordinaires.

Mailles
ordin.

14º Cylindre. — Moule de 0ᵐ033 même fil à 4 brins,
et à 8 brins.

Faire 1 tour en fil à 4 brins, ce qui donne......... 500

Faire 3 tours en fil à 8 brins où seront attachées
les cordelettes, ce qui donne à chaque tour.... 500

15ᵉ Cylindre. — Moule de 0ᵐ031.

Faire 1 tour en fil à 8 brins ou seront attachées les
cordelettes, ce qui donne..................... 500

Faire 34 tours en fil à 4 brins, ce qui donne à
chaque tour 500

16ᵉ Cylindre. — Moule de 0ᵐ,033.

Faire un tour en fil à 4 brins ce qui donne........ 500

Faire 2 tours en fil à 8 brins, où sera attachée la
plombée ou couronne des balles, ce qui donne à
chaque tour............................... 500

Ce filet ainsi terminé sera composé de *seize cylindres*, formant *169 tours* (fig. 39) comprenant eux-
mêmes *51.645* mailles et, on le complétera de la corde
plombée, des cordelettes et de la corde de jet, de la
manière suivante :

Du montage de l'épervier

On prépare d'abord la corde plombée qui sera con-
fectionnée comme il est dit page 13 à l'art. Cordes ;
On lui donne 22 à 23 mètres de longueur, on y enfile les olives ou balles au nombre égal au tiers des

mailles de la circonférence du filet, soit : 166 olives
pour cet épervier qui a 500 mailles de pourtour et
chaque olive aura une grosseur telle que le poids total atteigne 7 kilogrammes environ, c'est-à-dire que
chaque balle ou olive pèsera entre 42 et 43 grammes.

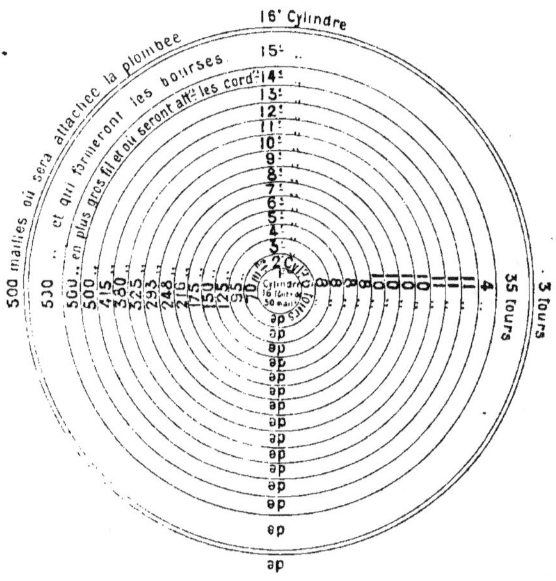

Fig. 39

On attache la corde plombée sur la circonférence
du filet en nouant avec le même fil à 8 brins dont on
s'est servi pour tisser les tours auxquels seront suspendues les cordelettes, et en prenant alternativement une maille du filet et la corde, en ayant soin
de laisser sur la corde plombée, qu'il y ait ou non

une olive, une distance de 0^m,04 environ entre chaque nœud et de répartir uniformément les olives sur la circonférence, soit une olive toutes les trois mailles.

Après avoir ainsi attaché la corde plombée à chaque maille du filet par un nœud ordinaire solidement serré, on procède au relevage des bourses.

On prépare les cordelettes en les coupant de 0,22 centimètres de longueur et en faisant à chacune un nœud bien serré et le plus près possible du bout de chaque extrémité.

On retourne l'épervier puis on tend longitudinalement la partie du filet comprise entre la corde plombée et les tours de gros fil à 8 brins, au dessùs des bourses, et auxquels tours de gros fil doivent être attachés les cordelettes (*Les tours en gros fil sont, ainsi que nous l'avons dit dans la fabrication du filet page* 85 *au nombre de quatre*). Après avoir reconnu à quel nœud, entre le deuxième et le troisième tour, correspond directement un espace entre deux nœuds sur la corde plombée, on attache une des extrémités de la cordelette, au milieu de cet espace, par un nœud coulant fait au moyen du nœud qui existe à cette extrémité de la cordelette puis. on passe l'autre extrémité dans les angles formés par la première et la deuxième maille en gros fil, au dessus des bourses, on lui fait faire une révolution autour de la première maille et on passe le nœud qui existe à cette extrémité. sous la cordelette sur laquelle on tire fortement pour, comme au bout fixé à la corde plombée, la maintenir attachée à la maille par un nœud coulant.

. Cette première cordelette ainsi placée, on compte 7 mailles sur le tour en gros fil, sept espaces à la corde plombée, on attache une deuxième cordelette comme il vient d'être dit pour la première et on opère ainsi jusqu'à la dernière cordelette.

Toutes les cordelettes attachées, on retourne l'epervier et on place la corde de jet qui aura été faite ainsi qu'il est indiqué à l'article Cordes, page 13. A cet effet, on enlève le fil sur lequel on a commencé les premières mailles du filet, on en fait glisser les nœuds, puis on passe l'extrémité de la corde de jet où n'existe pas la boucle qui sert à la fixer au poignet du pêcheur, dans toutes ces premières mailles de la coiffe. puis on rabat cette extrémité pour l'introduire une ou deux fois entre les brins de la corde détordue, tout à fait contre les mailles et on lie fortement en faisant plusieurs révolutions en deux ou trois endroits avec du gros fil — La corde de jet devra avoir 7^{m}50 à 8 mètres de longueur.

Manière de jeter l'épervier

Avant de jeter l'épervier il faut le *parer*, opération qui consiste (après avoir assujetti la corde de jet au poignet gauche par un nœud coulant fait ou moyen de la boucle qui existe à l'extrêmité de cette corde) à saisir, de la main gauche, le filet rassemblé, à 0^{m}70

environ de la corde plombée pour, avec la main droite
développer successivement les bourses afin de s'assurer qu'il n'y a pas de plombs accrochés dans les
cordelettes et retirer les pierres, herbes, branches et
tout ce qui, se trouvant dans les mailles, pourrait empêcher l'épervier d'être convenablement lancé et dé-
ployé.

Le filet ainsi paré, on tend la coiffe, on saisit le filet rassemblé, dans la main gauche à 0^{m}60 environ des
plombs, en ayant soin de laisser ceux-ci à terre puis,
par un mouvement de va et vient, exécuté par la main
droite, cette main replie, dans la main gauche, la coiffe
et la corde sur elles-mêmes par longueurs de 40 à 45
centimètres environ, en commençant par le filet d'a-
bord, la corde ensuite, et non comme le font, à
tort, certains pêcheurs, en roulant d'abord la corde de
jet dans la main gauche. Cela fait, on soulève le tout,
de la main gauche qu'on porte à hauteur de la poitrine,
on prend, de la main droite, vers la gauche du filet rassemblé, le quart environ du filet qu'on place, au-dessus
du coude sur le bras gauche horizontalement tendu,
et non sur l'épaule comme l'enseignent certains auteurs, parce que cette portion du filet, étant placée sur
l'épaule, est cause que l'épervier tombe toujours à l'eau
en deux fois, ce qui n'arrive pas lorsqu'elle est placée
sur le bras ; on saisit ensuite de la main droite, le petit doigt touchant la corde plombée, la portion du filet
simple tournée vers la poitrine, on en prend la moitié dans cette main, laissant le surplus dans la main

gauche pendre devant soi (fig. 40 couverture du livre)
et, ainsi préparé, on s'approche de l'endroit ou on
veut lancer l'épervier, avec précaution et sans bruit ;
on s'efface fortement à gauche, l'épaule droite en avant
puis, prenant son élan, on fait tourner subitement le
corps de gauche à droite en lancant les bras en
avant et en lâchant, en même temps, des deux mains,
tout l'épervier, en ayant soin que le petit doigt de
la main droite développe le filet en l'arrondissant
lorsqu'il se déploie. Si ce mouvement des deux bras
et de l'épaule a été bien exécuté, l'épervier tombe à
l'eau comme une nappe circulaire, la corde de jet en
occupant le centre.

Le filet lancé et arrivé au fond de l'eau on tire légèrement sur la corde de jet ce qui fait tendre les
cordelettes, ouvrir les bourses et permet au poisson
de s'y introduire puis, on relève lentement l'épervier
en tirant successivement à droite et à gauche pour
rassembler les plombs et, lorsqu'ils sont réunis (*ce
qui se distingue facilement*) on sort promptement le
filet de l'eau et on le jette sur la rive. On déploie
alors successivement les bourses en soulevant les
plombs, on retire les pierres, branches, etc, etc,
qui peuvent s'y trouver, on s'empare du poisson, puis
on lave l'épervier en le trempant dans l'eau pour
enlever la vase que ramène généralement la plombée
dans les bourses, on ploie ensuite la coiffe en plusieurs doubles, on la tord des deux mains en mettant
le pied gauche sur les bourses pour maintenir le filet,

on en fait sortir le plus d'eau possible et on continue
la pêche en parant et en lançant l'épervier comme
il vient d'être expliqué.

On peut aussi jeter l'épervier étant en bateau,
il faut pour cela être accompagné d'une personne
chargée de diriger la nacelle sur le point où on veut
lancer le filet et de la maintenir en place pour permettre au pêcheur de relever convenablement et facilement son épervier. Dans l'un et l'autre cas il faut
que la personne qui lance l'épervier soit vêtue, autant
que possible, d'un pantalon et d'une vareuse en grosse
laine ou en caoutchouc surtout sans agraffes ni
boutons susceptibles de s'accrocher dans les mailles
car, elle pourrait être entraînée à l'eau en même temps
que son filet.

Les endroits les plus convenables pour y jeter l'é-
pervier sont : les anses, les abords des remous, les
têtes des courants peu rapides et en général tous
les endroits où il n'y a pas plus de deux ou trois mètres de profondeur mais, avant tout, si on veut sur-
prendre et prendre le poisson, il est indispensable de
garder le plus grand silence, soit en marchant sur la
rive soit en manœuvrant le bateau.

On peut aussi attirer le poisson en amorçant sur
les différentes places où on doit jeter l'épervier.

Avant de pêcher et pour s'habituer à jeter l'épervier
on peut le lancer quelquefois sur une prairie ou sur
tout autre terrain bien uni mais, le meilleur appren-
tissage sera toujours et sans contredit, celui que le

pêcheur fera en jetant l'épervier à la rivière, de la rive d'abord et ensuite d'un bateau.

N° 2

Épervier de 410 mailles : côté de la maille 0^m.031, aux bourses :

Diamètre à l'attache des bourses 5^m.33.

Diamètre à la couronne des balles 5^m.73.

1er Cylindre.— Moule de 0^m04, fil à 3 brins, très fin.

Commencer le filet sur 50 mailles et faire 16 tours.

2e Cylindre. — Même moule et même fil.

	Élargis- sures	Mailles ordinaires
1er Tour		
1° Faire 1 maille ordinaire............	»	1
A { 2° Faire 1 élargissure et 3 mailles ordi- naires....................	1	3
3° Faire 1 élargissure et 2 mailles ordi- naires....................	1	2
4° Répéter 8 fois la marche A, ce qui donne....................	16	40
5° Faire 1 élargissure et 3 mailles ordi- naires....................	1	3
6° Faire 1 élargissure et 1 maille ordi- naire....................	1	1
Totaux..............	20	50
Ce qui porte le nombre de mailles à :		70

Faire ensuite 3 tours en mailles ordinaires.

3e Cylindre. — Même moule et même fil.

	Élargis-sures	Mailles ordinaires

1er *Tour*

1o Faire 1 maille ordinaire...........	»	1
2o Faire 8 fois de suite 1 élargissure et 4 mailles ordinaires...............	8	32
3o Faire 1 élargissure et 3 mailles ordinaires	1	3
4o Faire 8 fois de suite 1 élargissure et 4 mailles ordinaires..................	8	32
5o Faire 1 élargissure et 2 mailles ordinaires	1	2
Totaux...............	18	70

Ce qui porte le nombre de mailles à: 88

Faire ensuite 5 tours en mailles ordinaires.

4e **Cylindre**. — Moule de 0m038. même fil.

1er *Tour*

1o Faire 1 maille ordinaire.............	»	1
2o Faire 14 fois de suite 1 élargissure et 3 mailles ordinaires................	14	42
3o Faire 1 élargissure et 2 mailles ordinaires...........................	1	2
4o Faire 14 fois de suite 1 élargissure et 3 mailles ordinaires................	14	42
5o Faire 1 élargissure et 1 maille ordinaire............................	1	1
Totaux...............	30	88

Ce qui porte le nombre de mailles à : 118

Faire ensuite 7 tours en mailles ordinaires.

5 Cylindre — Même moule et même fil.

1er Tour.

	Élargissures	Mailles ordinaires
1º Faire 1 maille ordinaire............	»	1
B { 2º Faire 2 fois de suite 1 élargissure et 4 mailles ordinaires................	2	8
3º Faire 1 élargissure et 5 mailles ordinaires............................	1	5
4º Faire 1 élargissure et 4 mailles ordinaires............................	1	4
5º Faire 1 élargissure et 5 mailles ordinaires.........	1	5
6º Répéter 2 fois de suite la marche B, ce qui donne.....................	10	44
7º Faire 1 élargissure et 4 mailles ordinaires.........................	1	4
8º Répéter 2 fois de suite la marche B ce qui donne.............. ...	10	44
9º Faire 1 élargissure et 3 mailles ordinaires.........	1	3
Totaux..............	27	118

Ce qui porte le nombre de mailles à : 145

Faire ensuite 7 tours en mailles ordinaires.

6e Cylindre — Moule de 0m036, même fil.

1er Tour.

	Élargissures	Mailles ordinaires
1º Faire 3 mailles ordinaires.........	»	3
C { 2º Faire 5 fois de suite 1 élargissure et 5 mailles ordinaires..............	5	25
3º Faire 1 élargissure et 6 mailles ordinaires............................	1	6

	Élargis- sures	Mailles ordinaires
4º Faire 1 élargissure et 5 mailles ordi- naires	1	5
5º Répéter 2 fois de suite la marche C, ce qui donne..........................	12	62
6º Faire 1 élargissure et 5 mailles ordi- naires....	1	5
7º Répéter 1 fois la marche C, ce qui donne.	6	31
8º Faire 1 élargissure et 6 mailles ordi- naires..........................	1	6
9º Faire 1 élargissure et 2 mailles ordi- naires..........................	1	2
Totaux.................	28	145

Ce qui porte le nombre de mailles à: 173

Faire ensuite 6 tours en mailles ordinaires

7ᵉ Cylindre — Même moule et même fil.

1ᵉʳ Tour

		Élargis- sures	Mailles ordinaires
	1º Faire 4 mailles ordinaires..........	»	4
D	2º Faire 6 fois de suite 1 élargissure et 8 mailles ordinaires	6	48
	3º Faire 1 élargissure et 7 mailles ordi- naires	1	7
	4º Répéter 2 fois de suite la marche D, ce qui donne...................	14	110
	5º Faire 1 élargissure et 4 mailles ordi- naires.	1	4
	Totaux.................	22	173

Ce qui porte le nombre de mailles à: 195

Faire ensuite 6 tours en mailles ordinaires.

	Élargissures	Mailles ordinaires

8e Cylindre — Moule de 0^m033, même fil.

1er Tour.

1° Faire 3 mailles ordinaires............	»	3
2° Faire 3 fois de suite 1 élargissure et 6 mailles ordinaires................	3	18
3° Faire 1 élargissure et 5 mailles ordinaires....................	1	5
4° Répéter 7 fois de suite la marche E ce qui donne..................	28	161
5° Faire 1 élargissure et 6 mailles ordinaires...................	1	6
6° Faire 1 élargissure et 2 mailles ordinaires...................	1	2
Totaux...............	34	195

Ce qui porte le nombre de mailles à : 229

Faire ensuite 6 tours en mailles ordinaires

9e Cylindre — Même moule et même fil.

1er Tour

1° Faire 5 mailles ordinaires..........	»	5
2° Faire 2 fois de suite 1 élargissure et 10 mailles ordinaires.............	2	20
3° Faire 1 élargissure et 11 mailles ordinaires..................	1	11
4° Faire 1 élargissure et 10 mailles ordinaires..................	1	10
5° Faire 1 élargissure et 11 mailles ordinaires..................	1	11
6° Répéter 3 fois de suite la marche F, ce qui donne..................	15	156

	Elargis-sures	Mailles ordinaires
7° Faire 1 élargissure et 10 mailles ordi-naires............................	1	10
8° Faire 1 élargissure et 6 mailles ordi-naires...........................	1	6
Totaux...............	22	229

Ce qui porte le nombre de mailles à : 251

Faire ensuite 6 tours en mailles ordi-naires.

10ᵉ Cylindre — Moule de 0ᵐ031, même fil.

1ᵉʳ Tour

		Elargis-sures	Mailles ordinaires
	1° Faire 3 mailles ordinaires..........	»	3
G	2° Faire 2 fois de suite 1 élargissure et 5 mailles ordinaires.................	2	10
	3° Faire 1 élargissure et 6 mailles ordi-naires	1	6
	4° Répéter 14 fois la marche G ce qui donne.........................	42	224
	5° Faire 1 élargissure et 5 mailles ordi-naires	1	5
	6° Faire 1 élargissure et 3 mailles ordi-naires............................	1	3
	Totaux..................	47	251

Ce qui porte le nombre de mailles à : 298

Faire ensuite 9 tours en mailles ordi-naires.

11ᵉ Cylindre — Même moule et même fil.

1ᵉʳ Tour

	Elargis-sures	Mailles ordinaires
1° Faire 5 mailles ordinaires....	»	5

	Élargis- sures	Mailles ordinaires

II {
2° Faire 1 élargissure et 9 mailles ordinaires............................... **1**   **9**

3° Faire **2** fois de suite 1 élargissure et
10 mailles ordinaires............... **2**   **20**

4° Faire 1 élargissure et 9 mailles ordinaires............................... **1**   **9**

5° Faire 1 élargissure et 10 mailles ordinaires..... .... **1**   **10**

6° Répéter 5 fois de suite la marche II, ce
qui donne......................... **25**   **240**

7° Faire 1 élargissure et 5 mailles ordinaires............................... **1**   **5**

Totaux.................   **31**   **298**

Ce qui porte le nombre de mailles à :   **329**

Faire ensuite 9 tours en mailles ordinaires.

12° Cylindre — Même moule et même fil.

1er *Tour*

1° Faire 2 mailles ordinaires..........   »   **2**

I {
2° Faire 15 fois de suite 1 élargissure et 4
mailles ordinaires...............   **15**   **60**

3° Faire 1 élargissure et 5 mailles ordinaires............................   **1**   **5**

4° Répéter 4 fois de suite la marche I, ce
qui donne.........................   **64**   **260**

5° Faire 1 élargissure et 2 mailles ordinaires............................   **1**   **2**

Totaux.................   **81**   **329**

Ce qui porte le nombre de mailles à :   **410**

Faire ensuite 9 tours en mailles ordinaires.

Mailles
ordinaires

13ᵉ Cylindre — Moule de 0ᵐ033.

    Faire 1 tour en fil à 4 brins, ce qui donne.....   410

    Faire 3 tours en fil à 8 brins, où seront attachées

        les cordelettes, ce qui donne à chaque tour.   410

14ᵉ Cylindre — Moule de 0ᵐ031.

    Faire 1 tour en fil à 8 brins, où seront attachées

        les cordelettes, ce qui donne   410

    Faire 32 tours en fil à 4 brins ce qui donne à cha-

        que tour.   410

15ᵉ Cylindre. — Moule de 0ᵐ033.

    Faire 1 tour en fil à 4 brins, ce qui donne........   410

    Faire 2 tours en fil à 8 brins, auxquels sera at-

        tachée la plombée ou couronne des balles,

        ce qui donne à chaque tour...............   410

Ce filet ainsi terminé sera composé de 15 cylindres, formant 142 tours comprenant eux-mêmes 36.558 mailles et on le complétera de la corde plombée, des cordelettes et de la corde de jet comme il a été indiqué pour l'épervier nº 1.

La corde plombée aura de 21 à 22 mètres de longueur. on y enfilera 136 balles ou olives, formant un poids total de 7 kilogrammes environ c'est à dire que chaque balle pèsera 50 à 51 grammes. Les cordelettes auront 22 centimètres de longueur et la corde de jet 7ᵐ50 à 8 mètres.

N° 3

Epervier de 600 mailles : côté de la maille 0^{m}027,
(aux bourses) ;
Diamétre à l'attache des bourses 5^{m}88.
Diamétre à la couronne des balles 6^{m}28.

	Elargis-sures	Mailles ordinaires
1er Cylindre — Moule de 0^{m}036, fil à 3 brins très fin.		
Commencer le filet sur 44 mailles et faire 14 tours.		
2e Cylindre — Même moule et même fil.		

1er Tour

	Elargis-sures	Mailles ordinaires
1° Faire 1 maille ordinaire.............	»	1
2° Faire 1 élargissure et 1 maille ordinaire.....................	1	1
3° Faire 1 élargissure et 1 maille ordinaire.....................	1	1
4° Faire 3 fois de suite 1 élargissure et 2 mailles ordinaires............. ...	3	6
5° Répéter 2 fois de suite la marche A, ce qui donne.....................	8	14
6° Faire 1 élargissure et 1 maille ordinaire.	1	1
7° Répéter 2 fois de suite la marche A, ce qui donne.....................	8	14
8° Faire 1 élargissure et 1 maille ordinaire,	1	1
9° Faire 2 fois de suite 1 élargissure et 2 mailles ordinaires...............	2	4

	Elargis-sures	Mailles ordinaires
10° Faire 1 élargissure et 1 maille ordinaire..........................	1	1
Totaux................	26	44
Ce qui porte le nombre de mailles à :		70

Faire ensuite 7 tours en mailles ordinaires.

3e Cylindre — Même moule et même fil.

1er Tour

	Elargis-sures	Mailles ordinaires
1° Faire 1 maille ordinaire............	»	1
B { 2° Faire 4 fois de suite 1 élargissure et 3 mailles ordinaires..................	4	12
3° Faire 1 élargissure et 2 mailles ordinaires...........................	1	2
4° Répéter 3 fois de suite la marche B, qui donne......................	15	42
5° Faire 4 fois de suite 1 élargissure et 3 mailles ordinaires................	4	12
6° Faire 1 élargissure et 1 maille ordinaire............................	1	1
Totaux..........	25	70
Ce qui porte le nombre de mailles à :		95

Faire ensuite 7 tours en mailles ordinaires.

4e Cylindre. — Moule de 0m33 et même fil

1er Tour

	Elargis-sures	Mailles ordinaires
1e Faire 1 maille ordinaire............	»	1

	Élargis- sures	Mailles ordinaires
2° Faire 2 fois de suite 1 élargissure et 2 mailles ordinaires..............	2	4
3° Faire 2 fois de suite 1 élargissure et 3 mailles ordinaires.................	2	6
4° Faire 1 élargissure et 2 mailles ordinaires............................	1	2
5° Faire 2 fois de suite 1 élargissure et 3 mailles ordinaires................	2	6
6° Répéter 4 fois de suite la marche C, ce qui donne........................	28	72
7° Faire 2 fois de suite 1 élargissure et 2 mailles ordinaires................	2	4
Totaux..........	37	95

C embrasse les opérations 2° à 5°.

Ce qui porte le nombre de mailles à : **132**

Faire ensuite 9 tours en mailles ordinaires.

5ᵉ Cylindre. — Même moule et même fil.

1er *Tour*

	Élargis- sures	Mailles ordinaires
1° Faire 2 mailles ordinaires..........	»	2
2° Faire 7 fois de suite 1 élargissure et 4 mailles ordinaires	7	28
3° Faire 1 élargissure et 5 mailles ordinaires............................	1	5
4° Répéter 2 fois de suite la marche D, ce qui donne........................	16	66
5° Faire 7 fois de suite 1 élargissure et 4 mailles ordinaires	7	28
6° Faire 1 élargissure et 3 mailles ordi-		

	Elargis-sures	Mailles ordinaires
naires..	1	3
Totaux..........	32	132

Ce qui porte le nombre de mailles à : 164

Faire ensuite **9** tours en mailles or-dinaires.

6e Cylindre. — Moule de 0^{m}031 et même fil

1er *Tour*

	Elargis-sures	Mailles ordinaires
1° Faire **2** mailles ordinaires..........	»	2
2° Faire **1** élargissure et **3** mailles ordi-naires...........................	1	3
3° Faire **9** fois de suite **1** élargissure et **4** mailles ordinaires...............	9	36
4° Répéter **1** fois la marche E, ce qui donne.............................	10	39
5° Faire **1** élargissure et **4** mailles ordi-naires.............................	1	4
6° Répéter **2** fois de suite la marche E, ce qui donne.........................	20	78
7° Faire **1** élargissure et **2** mailles ordi-naires.............................	1	2
Totaux..........	42	164

Ce qui porte le nombre de mailles à : 206

Faire ensuite **9** tours en mailles or-dinaires.

7e Cylindre. — Même moule et même fil.

1er *Tour*

	Elargis-sures	Mailles ordinaires
1° Faire **3** mailles ordinaires...........	»	3

	Élargis-sures	Mailles ordinaires

F
- 2° Faire 2 fois de suite 1 élargissure et 7 mailles ordinaires............... 2 14
- 3° Faire 1 élargissure et 6 mailles ordinaires........................ 1 6
- 4° Répéter 9 fois de suite la marche F, ce qui donne................. 27 180
- 5° Faire 1 élargissure et 3 mailles ordinaires........................ 1 3

Totaux.......... 31 206

Ce qui porte le nombre de mailles à : **237**

Faire ensuite 9 tours en mailles ordinaires.

8e Cylindre. — Moule de 0ᵐ029 et même fil

1ᵉʳ *Tour*

G
- 1° Faire 2 mailles ordinaires .... » 2
- 2° Faire 15 fois de suite 1 élargissure et 5 mailles ordinaires 15 75
- 3° Faire 1 élargissure et 4 mailles ordinaires........................ 1 4
- 4° Répéter 1 fois la marche G, ce qui donne 16 79
- 5° Faire 15 fois de suite 1 élargissure et 5 mailles ordinaires.............. 15 75
- 6° Faire 1 élargissure et 2 mailles ordinaires 1 2

Totaux.......... 48 237

Ce qui porte le nombre de mailles à : **285**

Faire ensuite 9 tours en mailles ordinaires.

	Élargis-sures	Mailles ordinaires

9ᵉ Cylindre. — Même moule et même fil.

1ᵉʳ *Tour*

	Élargis-sures	Mailles ordinaires
1º Faire 3 mailles ordinaires	»	3
2º Faire 4 fois de suite 1 élargissure et 7 mailles ordinaires	4	28
3º Faire 1 élargissure et 6 mailles ordinaires.......................	1	6
4º Répéter 7 fois de suite la marche H, ce qui donne.....................	35	238
5º Faire 1 élargissure et 7 mailles ordinaires........................	1	7
6º Faire 1 élargissure et 3 mailles ordinaires....................	1	3
Totaux..........	42	285

H accolade les items 2º, 3º.

Ce qui porte le nombre de mailles à : 327

Faire ensuite 9 tours en mailles ordinaires.

10ᵉ Cylindre. — Moule de 0ᵐ027 et même fil

1ᵉʳ *Tour*

	Élargis-sures	Mailles ordinaires
1º Faire 4 mailles ordinaires	»	4
2º Faire 8 fois de suite 1 élargissure et 7 mailles ordinaires...............	8	56
3º Faire 1 élargissure et 8 mailles ordinaires......................	1	8
4º Répéter 4 fois de suite la marche I, ce qui donne.....................	36	256
5º Faire 1 élargissure et 3 mailles ordinaires......................	1	3
Totaux..........	46	327

Ce qui porte le nombre de mailles à : 373

	Élargis- sures	Mailles ordinaires

Faire ensuite 9 tours en mailles ordinaires.

11ᵉ Cylindre. — Même moule et même fil.

1ᵉʳ Tour.

1º Faire 7 mailles ordinaires..........	»	7
2º Faire 30 fois de suite 1 élargissure et 12 mailles ordinaires...............	30	360
3º Faire 1 élargissure et 6 mailles ordi- naires	1	6
Totaux..........	31	373

Ce qui porte le nombre de mailles à : **404**

Faire ensuite 9 tours en mailles ordinaires.

12ᵉ Cylindre. — Même moule et même fil.

1ᵉʳ Tour.

1º Faire 4 mailles ordinaires..........	»	4
2º Faire 4 fois de suite 1 élargissure et 6 mailles ordinaires...............	4	24
3º Faire 1 élargissure et 7 mailles ordi- naires................................	1	7
4º Répéter 11 fois de suite la marche J, ce qui donne......................	55	341
5º Faire 4 fois de suite 1 élargissure et 6 mailles ordinaires..................	4	24
6º Faire 1 élargissure et 4 mailles ordi- naires...............................	1	4
Totaux..........	65	404

Ce qui porte le nombre de mailles à : **469**

	Elargis-sures	Mailles ordinaires

Faire ensuite 9 tours en mailles ordinaires.

13e Cylindre. — Même moule et même fil.

1er Tour.

	Elargis-sures	Mailles ordinaires
1° Faire 8 mailles ordinaires..........	»	8
2° Faire 6 fois de suite 1 élargissure et 15 mailles ordinaires............	6	90
3° Faire une élargissure et 16 mailles ordinaires........................	1	16
4° Répéter 3 fois de suite la marche K. ce qui donne	21	318
5° Faire 2 fois de suite et 1 élargissure et 15 mailles ordinaires..............	2	30
6° Faire 1 élargissure et 7 mailles ordinaires.........................	1	7
Totaux............	31	469
		500

La marche K comprend les n°s 2°, 3°.

Ce qui porte le nombre de mailles à :
Faire ensuite 9 tours en mailles ordinaires.

14e Cylindre. — Même moule et même fil.

1er Tour.

	Elargis-sures	Mailles ordinaires
1° Faire 2 mailles ordinaires..........	»	2
2° Faire 99 fois de suite 1 élargissure et 5 mailles ordinaires	99	495
3° Faire 1 élargissure et 3 mailles ordinaires............................	1	3
Totaux..............	100	500
		600

Ce qui porte le nombre de mailles à :
Faire ensuite 10 tours en mailles ordinaires.

	Élargis-sures	Mailles ordinaires

15e Cylindre. — Moule de 0m029.

   1° Faire 1 tour en fil à 4 brins, ce qui donne .... | » | 600

   2° Faire 3 tours en fil à 8 brins, où seront attachés les cordelettes, ce qui donne à chaque tour .... | » | 600

16e Cylindre. — Moule de 0m027.

   1° Faire 1 tour en fil à 8 brins, auquel seront attachées les cordelettes, ce qui donne........................... | » | 600

   2° Faire 38 tours en fil à 4 brins, ce qui donne à chaque tour .... | » | 600

17e Cylindre. — Moule de 0m029.

   1° Faire 1 tour en fil à 4 brins, ce qui donne........................... | » | 600

   2° Faire 2 tours en fil à 8 brins, auxquels sera attachée la corde plombée ou couronne des balles, ce qui donne à chaque tour .... | » | 600

Ce filet, ainsi terminé, sera composé de 17 cylindres formant 187 tours, comprenant eux-mêmes 67,106 mailles et on le complétera de la corde plombée, des cordelettes et de la corde de jet comme il a été indiqué pour l'épervier n° 1.

La corde plombée aura 23 à 24 mètres de longueur, on y enfilera 200 balles ou olives formant un poids total de 7 kilogrammes environ, c'est-à-dire que chaque balle pèsera 35 grammes. Les cordelettes devront avoir 22 centimètres de longueur et la corde de jet 7^m50 à 8 mètres.

N° 4.

Epervier de 480 mailles : côté de la maille 0^m,027, aux bourses ;

Diamètre à l'attache des bourses 4^m,62.

Diamètre à la couronne des balles 5^m,00.

Faire les cylindres n° 1, 2, 3, 4 et 5 comme il est indiqué pour l'épervier n° 3, avec les mêmes moules et le même fil.

6e Cylindre. — Moule de 0^m,031, fil à 3 brins très fin.

	Elargis-sures	Mailles ordinaires
1er Tour.		
1° Faire 2 mailles ordinaires..........	»	2
2° Faire 2 fois de suite 1 élargissure et 4 mailles ordinaires................	2	8
3° Faire 1 élargissure et 5 mailles ordi-naires......................	1	5
4° Répéter 5 fois de suite la marche A, ce qui donne..................	15	65
5° Faire 1 élargissure et 4 mailles ordi-naires......................	1	4
6° Répéter 6 fois de suite la marche A, ce qui donne..................	18	78
7° Faire 1 élargissure et 2 mailles ordi-naires......................	1	2
Totaux..............	38	164
Ce qui porte le nombre de mailles à :		202

(marche A = points 2°, 3°)

	Élargis- sures	Mailles ordinaires

Faire ensuite 8 tours en mailles ordinaires.

7ᵉ **Cylindre**. — Moule de 0ᵐ029 et même fil.

1ᵉʳ Tour

		Élargis- sures	Mailles ordinaires
	1º Faire 2 mailles ordinaires..........	»	2
B	2º Faire 2 fois ensuite 1 élargissure et 4 mailles ordinaires..................	2	8
	3º Faire 1 élargissure et 5 mailles ordinaires........................	1	5
	4º Faire 1 élargissure et 4 mailles ordinaires........................	1	4
	5º Faire 1 élargissure et 5 mailles ordinaires........................	1	5
	6º Répéter 8 fois de suite la marche B, ce qui donne....................	40	176
	7º Faire 1 élargissure et 2 mailles ordinaires......................	1	2
	Totaux..............	46	202

Ce qui porte le nombre de mailles à : 248

Faire ensuite 9 tours en mailles or-
naires.

8ᵉ **Cylindre**. — Moule de 0ᵐ027 et même fil.

1ᵉʳ Tour

		Élargis- sures	Mailles ordinaires
	1º Faire 3 mailles ordinaires..........	»	3
C	2º Faire 1 élargissure et 4 mailles ordinaires........................	1	4
	3º Faire 3 fois de suite 1 élargissure et 5 mailles ordinaires..................	3	15

	Elargis-sures	Mailles ordinaires
4° Répéter 2 fois de suite la marche C, ce qui donne...................	8	38
5° Faire 1 élargisssure et 5 mailles ordinaires...................	1	5
D { 6° Répéter 3 fois de suite la marche C, ce qui donne...................	12	57
7° Faire 1 élargissure et 5 mailles ordinaires..................	1	5
8° Répéter la marche D, ce qui donne...	13	62
9° Répéter 3 fois de suite la marche C ce qui donne..................	12	57
10° Faire 1 élargissure et 2 mailles ordinaires...................	1	2
Totaux...............	52	248

Ce qui porte le nombre de mailles à : 300

Faire ensuite 9 tours en mailles ordinaires.

9ᵉ Cylindre. — Même moule et même fil.

1ᵉʳ Tour

	Elargis-sures	Mailles ordinaires
1° Faire 3 mailles ordinaires.....	»	3
2° Faire 2 fois de suite 1 élargissure et 5 mailles ordinaires...	2	10
3° Faire 1 élargissure et 6 mailles ordinaires...............	1	6
4° Faire 1 élargissure et 5 mailles ordinaires...............	1	5
5° Faire 1 élargissure et 6 mailles ordinaires...............	1	6
6° Répéter 3 fois de suite la marche E, ce qui donne......	6	33

	Élargis-sures	Mailles ordinaires
7° Répéter 3 fois de suite la marche G, ce qui donne..............	33	180
8° Répéter 1 fois la marche F, ce qui donne...................	5	27
9° Répéter 2 fois de suite la marche E, ce qui donne..............	4	22
10° Faire 1 élargissure et 5 mailles ordinaires.................	1	5
11° Faire 1 élargissure et 3 mailles ordinaires.................	1	3
Totaux................	55	300

Ce qui porte le nombre de mailles à : 355

Faire ensuite 9 tours en mailles ordinaires.

10° Cylindre. — Même moule et même fil.

1er Tour

	Élargis-sures	Mailles ordinaires
1° Faire 6 mailles ordinaires........	»	6
2° Faire 2 fois de suite 1 élargissure et 11 mailles ordinaires..........	2	22
3° Faire 1 élargissure et 12 mailles ordinaires.	1	12
4° Faire 1 élargissure et 11 mailles ordinaires.....................	1	11
5° Faire 1 élargissure et 12 mailles ordinaires.....................	1	12
6° Répéter 2 fois de suite la marche II, ce qui donne.................	4	46
7° Répéter 2 fois de suite la marche I, ce qui donne.....................	18	206

	Élargis- sures	Mailles ordinaires
8° Répéter 1 fois la marche H ce qui donne..........................	2	23
9° Faire 1 élargissure et 11 mailles ordinaires	1	11
10° Faire 1 élargissure et 6 mailles ordinaires........................	1	6
Totaux................	31	355

Ce qui porte le nombre de mailles à : 386

Faire ensuite 9 tours en mailles ordinaires.

11ᵉ Cylindre. — Même moule et même fil.

1ᵉʳ Tour.

	Élargis- sures	Mailles ordinaires
1ᵉ Faire 2 mailles ordinaires	»	2
2° Faire 8 fois de suite 1 élargissure et 4 mailles ordinaires...........	8	32
3° Faire 1 élargissure et 5 mailles ordinaires	1	5
4° Répéter 1 fois la marche J, ce qui donne	9	37
5° Faire 1 élargissure et 4 mailles ordinaires........................	1	4
6° Répéter 3 fois de suite la marche K. ce qui donne	57	234
7° Répéter 1 fois la marche J, ce qui donne........................	9	37
8° Faire 8 fois de suite une élargissure et 4 mailles ordinaires.......	8	32

	Elargis- sures	Mailles ordinaires
9° Faire 1 élargissure et 3 mailles ordidinaires....................................	1	3
Totaux...................	94	386
		480

Ce qui porte le nombre de mailles à :

Faire ensuite 9 tours en mailles ordinaires.

12e Cylindre. — Moule de 0m,029.

 1° Faire un tour en fil à 4 brins, ce qui donne...   480

 2° Faire 3 tours en fil à 8 brins auxquels seront attachées les cordelettes, ce qui donne à chaque tour....................................   480

13e Cylindre. — Moule de 0m,027.

 1° Faire un tour en fil à 8 brins, auquel seront attachées les cordelettes, ce qui donne   480

 2° Faire 36 tours en fil à 4 brins, ce qui donne..   480

14e Cylindre. — Moule de 0m,029.

 1° Faire un tour en fil à 4 brins, ce qui donne...   480

 2° Faire deux tours en fil à 8 brins, auxquels sera attachée la corde plombée ou couronne des balles, ce qui donne à chaque tour..........   480

Ce filet, ainsi terminé, sera composé de 14 cylindres formant 153 tours, comprenant eux-mêmes 45.524 mailles et on le complètera de la corde plombée, des cordelettes et de la corde de jet, comme il a été indiqué pour l'épervier n° 1.

La corde plombée aura de 19 à 20 mètres de longueur, on y enfilera 160 balles ou olives formant un poids total de 7 kilogrammes environ, c'est-à-dire que chaque balle pèsera de 42 à 43 grammes. Les cordelettes auront 20 centimètres de longueur et la corde de jet 7^m,50 à 8 mètres.

N° 5.

Épervier de 900 mailles : côté de la maille 0^m,015 aux bourses :

Diamètre à l'attache des bourses, 5^m,87.

Diamètre à la couronne des balles, 6^{m}27.

1er Cylindre. — Moule de 0^m,027, fil à 3 brins très fin.
Commencer le filet sur 50 mailles et faire 16 tours.

2e Cylindre. — Même moule et même fil.

	Élargis-sures	Mailles ordinaires
1er Tour.		
1° Faire 1 maille ordinaire...........	»	1
2° Faire 2 fois de suite 1 élargissure et 1 maille ordinaire...................	2	2
3° Faire 1 élargissure et 2 mailles ordinaires.......................	1	2
4° Répéter 5 fois de suite la marche A, ce qui donne....................	15	20
5° Faire 1 élargissure et 1 maille ordinaire........................	1	1
6° Répéter 5 fois de suite la marche A, ce qui donne....................	15	20

(Les points 2°, 3° sont accolés par une accolade marquée **A**.)

	Élargis-sures	Mailles ordinaires
7° Faire 4 fois de suite 1 élargissure et 1 maille ordinaire...................	4	4
Totaux..................	38	50
Ce qui porte le nombre de mailles à :	80	

Faire ensuite 11 tours en mailles ordinaires.

3ᵉ Cylindre. — Même moule et même fil.

1ᵉʳ Tour.

	Élargis-sures	Mailles ordinaires
1° Faire 1 maille ordinaire............	»	1
2° Faire 2 fois de suite 1 élargissure et 2 mailles ordinaires.................	2	4
3° Faire 1 élargissure et 3 mailles ordinaires...................	1	3
4° Répéter 5 fois de suite la marche B, ce qui donne...................	15	35
5° Faire 1 élargissure et 1 maille ordinaire...................	1	2
6° Répéter 5 fois de suite la marche A, ce qui donne...................	15	35
7° Faire 4 fois de suite 1 élargissure et 1 maille ordinaire...................	4	8
Totaux..................	38	88
Ce qui porte le nombre de mailles à :	126	

(B accolade pour les points 2°, 3°)

Faire ensuite 11 tours en mailles ordinaires.

4ᵉ Cylindre. — Moule de 0^m024. Même fil.

1ᵉʳ Tour.

	Élargis-sures	Mailles ordinaires
1° Faire 1 maille ordinaire............	»	1

	Élargis- sures	Mailles ordinaires
C 2° Faire 2 fois de suite 1 élargissure et 2 mailles ordinaire................	2	4
3° Faire 1 élargissure et 3 mailles ordi-naires	1	3
4° Répéter 16 fois de suite la marche C, ce qui donne....................	48	112
5° Faire 3 fois de suite 1 élargissure et 2 mailles ordinaires................	3	6
Totaux..................	54	126

Ce qui porte le nombre de mailles à : 180

Faire ensuite 13 tours en mailles or-dinaires.

5ᵉ Cylindre. — Même moule et même fil.

1ᵉʳ Tour.

	Élargis- sures	Mailles ordinaires
1° Faire 1 maille ordinaire............	»	1
D 2° Faire 10 fois de suite 1 élargissure et 4 mailles ordinaires...............	10	40
3° Faire 1 élargissure et 5 mailles ordi-dinaires........................	1	5
4° Répéter 2 fois de suite la marche D, ce qui donne....................	22	90
5° Faire 11 fois de suite 1 élargissure et 4 mailles ordinaires	11	44
Totaux..................	44	180

Ce qui porte le nombre de mailles à : 224

Faire ensuite 13 tours en mailles or-dinaires.

	Élargis- sures	Mailles ordinaires

6ᵉ Cylindre. — Moule 0ᵐ,022 et même fil.

1ᵉʳ Tour.

	Élargis- sures	Mailles ordinaires
1º Faire 2 mailles ordinaires.......	»	2
2º Faire 2 fois de suite 1 élargissure et 3 mailles ordinaires..........	2	6
3º Faire 1 élargissure et 4 mailles ordinaires......................	1	4
4º Répéter 1 fois la marche E, ce qui donne	3	10
5º Faire 1 élargissure et 3 mailles ordinaires......................	1	3
6º Faire 1 élargissure et 4 mailles ordinaires......................	1	4
7º Répéter 4 fois de suite la marche F, ce qui donne....................	8	28
8º Répéter 3 fois de suite la marche G, ce qui donne....................	48	165
9º Faire 1 élargissure et 2 mailles ornaires	1	2
Totaux.................	65	224

Ce qui porte nombre de mailles à : 289
Faire ensuite 13 tours en mailles ordinaires.

7ᵉ Cylindre. — Même moule et même fil.

1ᵉʳ Tour.

	Élargis- sures	Mailles ordinaires
1º Faire 3 mailles ordinaires.......	»	3

	Élargis-sures	Mailles ordinaires

2° Faire 2 fois de suite 1 élargissure et 7 mailles ordinaires........... | 2 | 14

3° Faire 1 élargissure et 6 mailles or-dinaires..................... | 1 | 6

4° Faire 1 élargissure et 7 mailles or-dinaires..... .... | 1 | 7

5° Faire 1 élargissure et 6 mailles or-dinaires..................... | 1 | 6

6° Répéter la marche H, ce qui donne .... | 2 | 13

Répéter 5 fois de suite la marche I, ce qui donne .... | 35 | 230

8° Faire 1 élargissure et 7 mailles or-dinaires..................... | 1 | 7

9° Faire 1 élargissure et 3 mailles or-dinaires..................... | 1 | 3

Totaux................... | 44 | 289

Ce qui porte le nombre de mailles à : 333

Faire ensuite 13 tours en mailles or-naires.

8ᵉ Cylindre. — Moule de 0ᵐ,02, même fil.

1ᵉʳ Tour.

1° Faire 2 mailles ordinaires .... | » | 2

2° Faire 1 élargissure et 5 mailles ordi-naires..................... | 1 | 5

3° Faire 2 fois de suite 1 élargissure et 4 mailles ordinaires................. | 2 | 8

4° Répéter 12 fois de suite la marche J, ce qui donne .... | 36 | 156

	Élargis- sures	Mailles ordinaires
5° Faire 1 élargissure et 4 mailles ordinaires,..............................	1	4
6° Répéter 12 fois de suite la marche J, ce qui donne......................	36	156
7° Faire 1 élargissure et 2 mailles ordinaires.............................	1	2
Totaux..............	77	333

Ce qui porte le nombre de mailles à : 410

Faire ensuite 13 tours en mailles ordinaires.

9ᵉ Cylindre. — Même moule et même fil.

1ᵉʳ *Tour*.

		Élargis- sures	Mailles ordinaires
	1° Faire 4 mailles ordinaires	»	4
K	2° Faire 2 fois de suite 1 élargissure et 9 mailles ordinaires.................	2	18
	3° Faire 1 élargissure et 10 mailles ordinaires	1	10
	4° Répéter 6 fois de suite la marche K, ce qui donne......................	18	168
	5° Faire 1 élargissure et 9 mailles ordinaires........................	1	9
	6° Répéter 7 fois de suite la marche K, ce qui donne......................	21	196
	7° Faire 1 élargissure et 5 mailles ordinaires........................	1	5
	Totaux..............	44	410

Ce qui porte le nombre de mailles à : 454

Faire ensuite 13 tours en mailles ordinaires.

	Elargis-sures	Mailles ordinaires

10ᵉ Cylindre. — Moule de 0ᵐ018, même fil.

1ᵉʳ Tour.

	Elargis. sures	Mailles ordinaires
1° Faire 2 mailles ordinaires..........	«	2
L { 2° Faire 5 fois de suite 1 élargissure et 5 mailles ordinaires.................	5	25
3° Faire 1 élargissure et 4 mailles ordi- naires	1	4
4° Répéter 14 fois de suite la marche L, ce qui donne.....................	84	406
5° Faire 3 fois de suite 1 élargissure et 5 mailles ordinaires.................	3	15
6° Faire 1 élargissure et 2 mailles ordi- naires...........................	1	2
Totaux...............	94	454
	548	

Ce qui porte le nombre de mailles à :

Faire ensuite 13 tours en mailles or-

naires.

11ᵉ Cylindre. — Même moule et même fil.

1ᵉʳ Tour.

	Elargis. sures	Mailles ordinaires
1° Faire 6 mailles ordinaires	»	6
M { 2° Faire 2 fois de suite 1 élargissure et 12 mailles ordinaires..........	2	24
3° Faire 1 élargissure et 13 mailles ordinaires.....................	1	13
O { N { 4° Faire 1 élargissure et 12 mailles or- dinaires.....................	1	12
5° Faire 1 élargissure et 13 mailles or- dinaires.....................	1	13
6° Répéter 3 fois de suite la marche N, ce qui donne.................	6	75

	Élargis-sures	Mailles ordinaires
7° Répéter 2 fois de suite la marche O, ce qui donne................	22	274
8° Répéter la marche M. ce qui donne.........................	3	37
9° Répéter 3 fois de suite la marche N, ce qui donne................	6	75
10° Faire 1 élargissure et 12 mailles ordinaires......................	1	12
11° Faire 1 élargissure et 7 mailles ordinaires	1	7
Totaux	44	548

Ce qui porte le nombre de mailles à : 592

Faire ensuite 13 tours en mailles ordinaires.

12° Cylindre. — Moule de 0^m,015, même fil.

1er Tour.

	Élargis-sures	Mailles ordinaires
1° Faire 3 mailles ordinaires...........	»	3
2° Faire 58 fois de suite 1 élargissure et 5 mailles ordinaires................	58	290
3° Faire 1 élargissure et 6 mailles ordinaires..	1	6
4° Faire 58 fois de suite 1 élargissure et 5 mailles ordinaires	58	290
5° Faire 1 élargissure et 3 mailles ordinaires	1	3
Totaux................	118	592

Ce qui porte le nombre de mailles à : 710

Faire ensuite 13 tours en mailles ordinaires.

	Élargis- sures	Mailles ordinaires

13ᵉ Cylindre. — Même moule et même fil.

1ᵉʳ Tour.

	Élargissures	Mailles ordinaires
1° Faire 8 mailles ordinaires...........	»	8
2° Faire 6 fois de suite 1 élargissure et 16 mailles ordinaires.................	6	96
3° Faire 1 élargissure et 17 mailles ordinaires.....................	1	17
4° Répéter 2 fois de suite la marche P, ce qui donne.....................	14	226
5° Faire 1 élargissure et 16 mailles ordinaires.....................	1	16
6° Répéter 3 fois de suite la marche P, ce qui donne........................	21	339
7° Faire 1 élargissure et 8 mailles ordinaires	1	8
Totaux...................	44	710

Ce qui porte le nombre de mailles à : 754

Faire ensuite 13 tours en mailles ordinaires.

14ᵉ Cylindre. — Même moule et même fil.

1ᵉʳ Tour.

	Élargissures	Mailles ordinaires
1° Faire 2 mailles ordinaires	»	2
2° Faire 5 fois de suite 1 élargissure et 5 mailles ordinaires	5	25
3° Faire 1 élargissure et 6 mailles ordinaires.....................	1	6
4° Répéter 11 fois de suite la marche Q, ce qui donne	66	341
5° Faire 1 élargissure et 5 mailles ordinaires.....................	1	5

Les marches P et Q sont indiquées par les accolades à gauche.

	Élargis- sures	Mailles ordinaires
6° Répéter 12 fois de suite la marche Q, ce qui donne......................	72	372
7° Faire 1 élargissure et 3 mailles ordi-naires	1	3
Totaux................	146	754

Ce qui porte le nombre de mailles à : 900

Faire ensuite 15 tours en mailles or-dinaires.

15ᵉ Cylindre. — Moule de 0ᵐ,018.

1° Faire 1 tour en fil à 4 brins, ce qui donne.. 900

2° Faire 3 tours en fil à 8 brins, auxquels seront attachées les cordelettes, ce qui donne à chaque tour 900

16ᵉ Cylindre. — Moule de 0ᵐ,015.

1° Faire 1 tour en fil à 8 brins, auquel seront at-tachées les cordelettes, ce qui donne......... 900

2° Faire 50 tours en fil à 4 brins, ce qui donne à chaque tour..................................... 900

17ᵉ Cylindre. — Moule de 0ᵐ,018.

1° Faire 1 tour en fil à 4 brins, ce qui donne.... 900

2° Faire 2 tours en fil à 8 brins, auxquels sera at-tachée la plombée ou couronne des balles, ce qui donne à chaque tour..................... 900

Ce filet, ainsi terminé, sera composé de 17 cylindres formant 254 tours comprenant eux-mêmes 132,884 mailles et on le complétera de la corde plombée, des cordelettes et de la corde de jet, comme il a été indiqué pour l'épervier n° 1.

La corde plombée aura de 23 à 24 mètres de longueur, on y enfilera 300 balles ou olives formant un poids total de 7 kilogrammes environ, c'est à dire que chaque balle pèsera 23 à 24 grammes. Les cordelettes auront 0^m,22 centimètres de longueur et la corde de jet de 7^m,50 à 8 mètres.

Ce modèle d'Epervier est celui qui devrait être le plus souvent employé à la pêche, parce que ses bourses sont assez vastes pour enlacer un gros poisson et qu'elles permettent aussi, par leurs petites mailles, d'emprisonner les plus petits, un goujon de moyenne grosseur, par exemple, mais la loi sur la pêche en prohibe l'emploi.

N° 6.

Epervier dit goujonnier de 1400 mailles; côté de la maille 0^m,009, aux bourses

Diamètre à l'attache des bourses 4^m,58.

Diamètre à la couronne des balles 4^m,88.

1er Cylindre.— Moule de 0^m,018, fil à 3 brins
très fin.

Commencer le filet sur **77** mailles
et faire **24** tours.

2e Cylindre. — Même moule et même fil.

1er Tour

	Élargis- sures	Mailles ordinaires
1° Faire 1 maille ordinaire............	»	1
2° Faire 2 fois de suite 1 élargissure et 1 maille ordinaire.................	2	2
3° Faire 1 élargissure et 2 mailles ordinaires.....................	1	2
4° Répéter 17 fois de suite la marche A, ce qui donne.....................	51	68
5° Faire 1 élargissure et 1 maille ordinaire...........................	1	1
6° Faire 1 élargissure et 2 mailles ordinaires	1	2
7° Faire 1 élargissure et 1 maille ordinaires	1	1
Totaux..............	57	77

Les items 2°, 3° sont regroupés sous l'accolade **A**.

Ce qui porte le nombre de mailles à : 134

Faire ensuite 17 tours en mailles ordinaires.

3° Cylindre. — Même moule et même fil.

1er Tour

	Élargis- sures	Mailles ordinaires
1° Faire 1 maille ordidaire.........	»	1
2° Faire 2 fois de suite 1 élargissure et 2 mailles ordinaires..........	2	4
3° Faire 1 élargissure et 3 mailles ordinaires.....................	1	3
4° Faire 1 élargissure et 2 mailles ordinaires.....................	1	2
5° Faire 1 élargissure et 3 mailles ordinaires.....................	1	3
6° Répéter 2 fois de suite la marche B, ce qui donne..................	4	10

Les items 3°, 4°, 5° sont regroupés sous l'accolade **B**, et l'ensemble sous l'accolade **C**.

	Elargis- sures	Mailles ordinaires
7º Répéter 5 fois de suite la marche C, ce qui donne................	45	110
8º Faire 1 élargissure et une maille ordinaire......................	1	1
Totaux..............	55	134
	189	

Ce qui porte le nombre de mailles à :
Faire ensuite 17 tours en mailles ordinaires.

4ᵉ Cylindre. — Moule de 0ᵐ,015 même fil.

1ᵉʳ Tour

	Elargis- sures	Mailles ordinaires
1º Faire 1 maille ordinaire...........	»	1
2º Faire 3 fois de suite 1 élargissure et 2 mailles ordinaires................	3	6
3º Faire 1 élargissure et 3 mailles ordinaires	1	3
4º Répéter 6 fois de suite la marche D, ce qui donne......................	24	54
5º Faire 1 élargissure et 3 mailles ordinaires	1	3
6º Répéter 7 fois de suite la marche D, ce qui donne	28	63
7º Faire 1 élargissure et 3 mailles ordinaires	1	3
8º Répéter 6 fois de suite la marche D, ce qui donne......................	24	54
9º Faire 1 élargissure et 2 mailles ordinaires	1	2
Totaux..............	83	189
	272	

Ce qui porte le nombre de mailles à :

Élargis-   Mailles
sures   ordinaires

Faire ensuite 17 tours en mailles ordinaires.

5e Cylindre. — Même moule et même fil.

1er Tour

	Élargissures	Mailles ordinaires
1° Faire 2 mailles ordinaires..........	»	2
2° Faire 2 fois de suite 1 élargissure et 5 mailles ordinaires..................	2	10
3° Faire une élargissure et 4 mailles ordinaires......................	1	4
4° Répéter 4 fois de suite la marche E, ce qui donne....................	12	56
5° Faire 1 élargissure et 5 mailles ordinaires......................	1	5
6° Répéter 1 fois la marche F, ce qui donne	13	61
7° Répéter 5 fois de suite la marche E, ce qui donne	15	70
8° Faire une élargissure et 5 mailles ordinaires......................	1	5
9° Répéter 4 fois de suite la marche E, ce qui donne....................	12	56
10° Faire 1 élargissure et 3 mailles ordinaires......................	1	3
Totaux..........	58	272

Ce qui porte le nombre de mailles à : 330

Faire ensuite 17 tours en mailles ordinaires.

	Elargis- sures	Mailles ordinaires

6ᵉ Cylindre. — Moule de 0ᵐ,013 et même fil.

1ᵉʳ Tour

1° Faire 1 maille ordinaire.........	»	1
2° Faire 2 fois de suite 1 élargissure et 3 mailles ordinaires........	2	6
3° Faire 1 élargissure et 3 mailles ordinaires	1	2
4° Répéter 6 fois de suite la marche G, ce qui donne................	18	48
5° Faire 1 élargissure et 3 mailles ordinaires	1	3
6° Répéter 1 fois la marche H, ce qui donne......................	19	51
7° Répéter 1 fois la marche I, ce qui donne	22	59
8° Répéter 1 fois la marche H, ce qui donne......................	19	51
9° Répéter 1 fois la marche I, ce qui donne	22	59
10° Répéter 6 fois de suite la marche G, ce qui donne................	18	48
11° Faire 1 élargissure et 2 mailles ordinaires....................	1	2
Totaux..........	123	330

Ce qui porte le nombre de mailles à : 453

Faire ensuite 21 tours en mailles ordinaires.

	Élargis-sures	Mailles ordinaires

7ᵉ Cylindre. — Même moule et même fil.

1ᵉʳ Tour

1° Faire 2 mailles ordinaires..........	»	2
2° Faire 40 fois de suite 1 élargissure et 7 mailles ordinaires...............	40	280
3° Faire 1 élargissure et 4 mailles ordinaires.....................	1	4
4° Faire 27 fois de suite 1 élargissure et 6 mailles ordinaires..............	27	162
5° Faire 1 élargissure et 5 mailles ordinaires.....................	1	5
Totaux...............	69	453

Ce qui porte le nombre de mailles à : 522

Faire ensuite 21 tours en mailles ordinaires.

8ᵉ Cylindre. — Moule de 0ᵐ,011 même fil.

1ᵉʳ Tour

1° Faire 2 mailles ordinaires..........	»	2
2° Faire 5 fois de suite 1 élargisssure et 2 mailles ordinaires...............	5	10
3° Faire 1 élargissure et 2 mailles ordinaires....................	1	2
4° Faire 1 élargissure et 3 mailles ordinaires....................	1	3
5° Répéter 5 fois de suite la marche J, ce qui donne.....................	90	180
6° Faire 6 fois de suite 1 élargissure et 5 mailles ordinaires...............	6	30
7° Faire 1 élargissure et 3 mailles ordinaires....................	1	3

J (accolade pour 2°, 3°, 4°)

K (accolade pour 6°, 7°)

	Élargis-sures	Mailles ordinaires
8° Répéter 6 fois de suite la marche K, ce qui donne....................	42	198
9° Répéter 3 fois de suite la marche J, ce qui donne	18	36
10° Faire 5 fois de suite 1 élargissure et 2 mailles ordinaires	5	10
11° Répéter 1 fois la marche K, ce qui donne	7	33
12° Répéter 1 fois la marche J, ce qui donne.......................	6	12
13° Faire 1 élargissure et 3 mailles ordinaires	1	3
Totaux...........	183	522

705

Ce qui porte le nombre de mailles à :
Faire ensuite **24** tours en mailles ordinaires.

9° Cylindre. — Même moule et même fil.

1er *Tour*

1° Faire **4** mailles ordinaires..........	»	4
2° Faire 77 fois de suite 1 élargissure et 9 mailles ordinaires..................	77	693
3° Faire 1 élargissure et 8 mailles ordinaires	1	8
Totaux...............	78	705

783

Ce qui porte le nombre de mailles à :
Faire ensuite **24** tours en maillles ordinaires.

	Élargis- sures	Mailles ordinaires

10ᵉ Cylindre. — Moule de 0ᵐ,009.

1ᵉʳ Tour

	Élargis- sures	Mailles ordinaires
1° Faire 4 mailles ordinaires..........	»	4
2° Faire 6 fois de suite 1 élargissure et 3 mailles ordinaires.................	6	18
3° Faire 1 élargissure et 4 mailles ordinaires......................	1	4
4° Faire 8 fois de suite 1 élargissure et 2 mailles ordinaires	8	16
5° Répéter 8 fois de suite la marche L, ce qui donne	120	304
6° Faire 5 fois de suite 1 élargissure et 4 mailles ordinaires.................	5	20
7° Faire 1 élargissure et 5 mailles ordinaires	1	5
8° Faire 7 fois de suite 1 élargissure et 3 mailles ordinaires.................	7	21
9° Répéter 6 fois de suite la marche M, ce qui donne......................	78	276
10° Répéter 2 fois de suite la marche L, ce qui donne......................	30	76
11° Faire 18 fois de suite 1 élargissure et 2 mailles ordinaires............	18	36
12° Faire 1 élargissure et 3 mailles ordinaires......................	1	3
Totaux..............	275	783

Ce qui porte le nombre de mailles à : **1058**

Faire ensuite 24 tours en mailles ordinaires.

	Elargis- sures	Mailles ordinaires

11ᵉ Cylindre. — Même moule et même fil.

1ᵉʳ Tour

1° Faire 6 mailles ordinaires........	»	6
2° Faire 2 fois de suite 1 élargissure et 14 mailles ordinaires..........	2	28
3° Faire 1 élargissure et 13 mailles ordinaires.....................	1	13
4° Répéter 6 fois de suite la marche N, ce qui donne................	18	246
5° Faire 1 élargissure et 14 mailles ordinaires.....................	1	14
6° Faire 1 élargissure et 13 mailles ordinaires.....................	1	13
7° Répéter 2 fois de suite la marche O, ce qui donne................	46	628
8° Faire 8 fois de suite 1 élargissure et 13 mailles ordinaires..........	8	104
9° Faire 1 élargissure et 6 mailles ordinaires.....................	1	6
Totaux..............	78	1058

Ce qui porte le nombre de mailles à : 1136

Faire ensuite 24 tours en mailles ordinaires.

12ᵉ Cylindre. — Même moule et même fil.

1ᵉʳ Tour

1° Faire 8 mailles ordinaires.......	»	8

	Élargis- sures	Mailles ordinaires
P 2° Faire 2 fois de suite 1 élargissure et 15 mailles ordinaires..........	2	30
3° Faire 1 élargissure et 14 mailles ordinaires	1	14
4° Répéter 5 fois de suite la marche P, ce qui donne................	15	220
5° Faire 1 élargissure et 15 mailles ordinaires.....................	1	15
6° Faire 1 élargissure et 14 mailles ordinaires.....................	1	14
7° Répéter 2 fois de suite la marche Q, ce qui donne................	40	586
8° Faire 10 fois de suite 1 élargissure et 15 mailles ordinaires..........	10	150
9° Faire 9 fois de suite 1 élargissure et 11 mailles ordinaires..........	9	99
Totaux............	79	1136

Ce qui porte le nombre de mailles à : 1215

Faire ensuite 24 tours en mailles ordinaires.

13° Cylindre. — Même moule et même fil.

1er Tour.

	Élargis- sures	Mailles ordinaires
Faire 11 mailles ordinaires...........	»	11
R 2° Faire 5 fois de suite 1 élargissure et 5 mailles ordinaires................	5	25
3° Faire 1 élargissure et 7 mailles ordinaires...................	1	7
4° Faire 1 élargissure et 9 mailles ordinaires...................	1	9

	Élargis- sures	Mailles ordinaires
5° Répéter 15 fois de suite la marche R, ce qui donne......................	90	480
6° Faire 6 fois de suite 1 élargissure et 9 mailles ordinaires................	6	54
7° Faire 1 élargissure et 7 mailles ordinaires........................	1	7
8° Répéter 6 fois de suite la marche S, ce qui donne......................	42	366
9° Répéter 3 fois de suite la marche R, ce qui donne......................	18	96
10° Faire 7 fois de suite 1 élargissure et 8 mailles ordinaires................	7	56
11° Répéter 1 fois la marche S, ce qui donne........................	7	61
12° Répéter 1 fois la marche R, ce qui donne	6	32
13° Faire 1 élargissure et 11 mailles ordinaires	1	11
Totaux...............	185	1215

Ce qui porte le nombre de mailles à : 1400
Faire ensuite 14 tours en mailles ordinaires.

14° Cylindre. — Moule de 0ᵐ.011.

1° Faire 1 tour en fil à 3 brins, ce qui donne...   1400

2° Faire 3 tours en fil à 4 brins, auxquels seront attachées les cordelettes, ce qui donne à chaque tour   1400

Mailles
ordinaires.

15e Cylindre. — Moule de 0^m,009.

    1° Faire 1 tour en fil en 4 brins, auquel seront
attachées les cordelettes, ce qui donne....... 1400

    2° Faire 80 tours en fil à 3 brins. ce qui donne à
chaque tour,............................. 1400

16e Cylindre. — Moule de 0^m,011.

    1° Faire 1 tour en fil à 3 brins, ce qui donne.. 1400

    2° Faire 2 tours en fil à 4 brins. auxquels sera at-
tachée la plombée ou couronne des balles, ce
qui donne à chaque tour.................... 1400

Ce filet ainsi terminé sera composé de 16 cylindres
formant 368 tours comprenant eux-même 306.576
mailles et on le complétera de la corde plombée, des
cordelettes et de la corde de jet, comme il a été indiqué pour l'épervier n° 1.

La corde plombée aura de 23 à 24 mètres de lon
gueur, on y enfilera 468 balles ou olives formant un
poids total de 8 kilogrammes environ ; c'est-à-dire que
chaque balle pèsera de 17 à 18 grammes ; les cordelettes auront 14 centimètres de longueur et la corde
de jet 7^m,50 à 8 mètres.

Du Gile ou Epervier de traine.

Le Gile est un *Épervier* de plus grandes dimensions que les éperviers ordinaires, beaucoup plus lourd de fil, plus chargé de plomb et ne pouvant, pour ces motifs, être lancé à la main. On l'emploie dans les grandes rivières ainsi que dans les fleuves, et la pêche se fait avec l'aide d'une barque de la manière suivante :

Il faut être au moins deux ; le rameur n'a d'autres fonctions que de maintenir la nacelle dérivant en travers et perpendiculairement à l'axe du courant ; le pêcheur accroche à deux chevilles fichées à un mètre environ de chaque extrémité de la barque, sur le bord d'amont, une partie de la corde plombée qui restera tendue entre ces deux chevilles, puis il jette le surplus du filet à l'eau, la coiffe du gile restant soutenue, au moyen de la corde centrale, attachée à son poignet, mais qu'il tient à la main. Dans cette position, la plus grande partie du gile est à l'eau, les plombs trainant sur le fond, pendant que la nacelle descend, poussée par le courant, mais maintenue en travers et surtout dirigée sans bruit par le rameur.

Le Gile ainsi tendu, la barque parcourera deux ou trois cents mètres, ou même moins, si le pêcheur qui soutient la corde centrale est prévenu par une secousse d'un poisson donnant dans le filet ; alors, à un signal qu'il fait à son partenaire, aussi promptement que possible, tous les deux dégagent la corde plombée des chevilles qui la retenaient et, ensemble, la laissent tomber à l'eau où les plombs gagnent le fond puis, le filet est fermé, retiré et remonté dans la barque comme pour un épervier ordinaire.

Dans les petites rivières où l'eau est peu profonde et si la température le permet, on peut pêcher de la même manière en gilant avec un épervier ordinaire que deux pêcheurs, en se mettant à l'eau, traîneront, l'un d'eux ayant la corde de la coiffe attachée au poignet, pendant que deux autres personnes, armées de bouloirs, battront l'eau sur les rives, pour en faire fuir les poissons dont la plupart ira se jeter dans l'épervier.

La pêche au gile réussit surtout quand les eaux sont jaunes et troublées par une crue.

Épervier de traine ou Gile de 780 mailles ; côté de la maille 0^m,031 aux bourses ;

Diamètre à l'attache des bourses 8^m,70.

Diamètre à la couronne des balles 9^m,95.

	Élargissures	Mailles ordinaires
1er Cylindre. — Moule de 0^m,045. fil à 6 brins. Commencer le filet sur 50 mailles et faire 16 tours.		
2e Cylindre. — Maule de 0^m,042, même fil. *1er Tour.*		
1° Faire 1 maille ordinaire.............	»	1

		Elargis-sures	Mailles ordinaires
A	2° Faire 2 fois de suite 1 élargissure et 1 maille ordinaire....................	2	2
	3° Faire 1 élargissure et 2 mailles ordinaires.........................	1	2
	4° Répéter 5 fois de suite la marche A, ce qui donne.......................	15	20
	5° Faire 1 élargissure et 1 maille ordinaires.........................	1	1
	6° Répéter 5 fois de suite la marche A, ce qui donne.......................	15	20
	7° Faire 4 fois de suite 1 élargissure et 1 maille ordinaire................	4	4
	Totaux...................	38	50

Ce qui porte le nombre de mailles à : 88

Faire ensuite 11 tours en mailles dinaires.

3e **Cylindre**. — Même moule et même fil.

1er Tour.

		Elargis-sures	Mailles ordinaires
B	1° Faire 1 maille ordinaire............	»	1
	2° Faire 2 fois de suite 1 élargissure et 2 mailles ordinaire................	2	4
	3° Faire 1 élargissure et 3 mailles ordinaires.........................	1	3
	4° Répéter 5 fois de suite la marche B, ce qui donne.......................	15	35
	5° Faire 1 élargissure et 2 mailles ordinaires.........................	1	2
	6° Répéter 5 fois de suite la marche B, ce qui donne.......................	15	35

	Élargis- sures	Mailles ordinaires
7° Faire 4 fois de suite 1 élargissure et 2 mailles ordinaires.................	4	8
Totaux.................	38	88
Ce qui porte le nombre de mailles à :		126

Faire ensuite 11 tours en mailles ordinaires.

4° Cylindre. — Moule de 0ᵐ04 et même fil.

1ᵉʳ *Tour*.

	Élargis- sures	Mailles ordinaires
1° Faire 1 maille ordinaire............	»	1
2° Faire 2 fois de suite 1 élargissure et 3 mailles ordinaires...............	2	6
3° Faire 1 élargissure et 2 mailles ordi-naires......................	1	2
4° Répéter 4 fois la marche C, ce qui donne......................	12	32
5° Faire 1 élargissure et 2 mailles ordi-naire......................	1	2
6° Répéter 5 fois la marche C, ce qui donne......................	15	40
7° Faire 1 élargissure et 2 mailles ordi-naires......................	1	2
8° Répéter 5 fois la marche C, ce qui donne......................	15	40
9° Faire 1 élargissure et 1 maille ordi-dinaire......................	1	1
Totaux.................	48	126
Ce qui porte le nombre de mailles à :		174

(Les items 2° à 3° sont accolés par une accolade marquée **C**.)

Faire ensuite 11 tours en mailles
ordinaires.

	Elargis- sures	Mailles ordinaires

5e Cylindre. — Même moule et même fil.

1er Tour.

1º Faire 1 maille ordinaire......... » 1

2º Faire 3 fois de suite 1 élargissure et 3 mailles ordinaires.......... 3 9

3º Faire 1 élargissure et 4 mailles ordinaires..................... 1 4

4º Faire 4 fois de suite 1 élargissure et 3 mailles ordinaires 4 12

5º Faire 1 élargissure et 4 mailles ordinaires..................... 1 4

6º Répéter 4 fois la marche E, ce qui donne..................... 36 116

7º Répéter la marche D, ce qui donne 4 13

8º Faire 5 fois de suite 1 élargissure et 3 mailles ordinaires.......... 5 15

Totaux 54 174

228

Ce qui porte le nombre de mailles à :
Faire ensuite 11 tours en mailles ordinaires.

6e Cylindre. — Moule de 0^m,38 et même fil.

1er Tour.

1º Faire 3 mailles ordinaires.......... » 3

2º Faire 5 fois de suite 1 élargissure et 6 mailles ordinaires................. 5 30

3º Faire 1 élargissure et 7 mailles ordinaires.... .... 1 7

4º Répéter 5 fois la marche F, ce qui donne........................... 30 185

	Élargis-sures	Mailles ordinaires
5° Faire 1 élargissure et 3 mailles ordinaires..........................	1	3
Totaux...............	37	228

Ce qui porte le nombre de mailles à : 265

Faire ensuite 11 tours en mailles ordinaires.

7ᵉ Cylindre. — Même moule et même fil.

1ᵉʳ Tour.

	Élargis-sures	Mailles ordinaires
1° Faire 1 maille ordinaire.............	»	1
G 2° Faire 12 fois de suite 1 élargissure et 4 mailles ordinaires	12	48
3° Faire 1 élargissure et 5 mailles ordinaires...........................	1	5
4° Répéter 3 fois la marche G, ce qui donne...........................	39	159
5° Faire 13 fois de suite 1 élargissure et 4 mailles ordinaires	13	52
Totaux...............	65	265

Ce qui porte le nombre de mailles à : 330

Faire ensuite 11 tours en mailles ordinaires.

8ᵉ Cylindre. — Moule de 0ᵐ.036 et même fil.

1ᵉʳ Tour.

	Élargis-sures	Mailles ordinaires
1° Faire 4 mailles ordinaires..........	»	4
H 2° Faire 11 fois de suite 1 élargissure et 9 mailles ordinaires...............	11	99
3° Faire 1 élargissure et 8 mailles ordinaires...........................	1	8

	Élargis- sures	Mailles ordinaires

4° Répéter 2 fois la marche H. ce qui donne............................ **24** · **214**

5° Faire 1 élargissure et 5 mailles ordinaires............................. **1** · **5**

Totaux................ **37** · **330**

Ce qui porte le nombre de mailles à : **367**

Faire ensuite 11 tours en mailles dinaires.

9° Cylindre. — Même moule et même fil.

1ᵉʳ Tour.

1° Faire 2 mailles ordinaires........ » · **2**

2° Faire 2 fois de suite 1 élargissure et 5 mailles ordinaires.......... **2** · **10**

3° Faire 1 élargissure et 4 mailles ordinaires........................... **1** · **4**

4° Répéter 7 fois la marche I. ée qui donne................ **21** · **98**

5° Faire 1 élargissure et 4 mailles ordinaires,.......................... **1** · **5**

6° Faire 1 élargissure et 4 mailles ordinaires............................ **1** · **4**

7° Répéter 2 fois la marche J, ce qui donne...................... **52** · **242**

8° Faire 1 élargissure et 2 mailles ordinaires........................... **1** · **2**

Totaux .... **79** · **367**

Ce qui porte le nombre de mailles à : **446**

Faire ensuite 11 tours en mailles ordinaires.

Élargis-   Mailles
sures   ordinaires

10ᵉ Cylindre. — Moule de 0ᵐ,033 et même fil.

1ᵉʳ Tour.

	Élargissures	Mailles ordinaires
1° Faire 5 mailles ordinaires........	»	5
2° Faire 5 fois de suite 1 élargissure et 11 mailles ordinaires..........	5	55
3° Faire 1 élargissure et 12 mailles ordinaires......................	1	12
4° Répéter la marche K, ce qui donne......................	6	67
5° Faire 1 élargissure et 11 mailles ordinaires......................	1	11
6° Répéter la marche M. ce qui donne......................	13	145
7° Répéter la marche K, ce qui donne......................	6	67
8° Répéter la marche L, ce qui donne......................	7	78
9° Faire 1 élargissure et 6 mailles ordinaires......................	1	6
Totaux....................	40	446

Ce qui porte le nombre de mailles à : 486

Faire ensuite 12 tours en mailles ordinaires.

	Élargis- sures	Mailles ordinaires

11e Cylindre. — Même moule et même fil.

1er Tour.

	Élargis-sures	Mailles ordinaires
1° Faire 2 mailles ordinaires....	»	2
2° Faire 2 fois de suite 1 élargis-sure et 5 mailles ordinaires ...	2	10
3° Faire 1 élargissure et 4 mailles ordinaires....................	1	4
4° Répéter 4 fois la marche N, ce qui donne....................	12	56
5° Faire 1 élargissure et 4 mailles ordinaires....................	1	4
6° Répéter 5 fois la marche N, ce qui donne....................	15	70
7° Faire 1 élargissure et 4 mailles ordinaires....................	1	4
8° Faire 2 fois de suite 1 élargis-sure et 5 mailles ordinaires ...	2	10
9° Faire 1 élargissure et 4 mailles ordinaires....................	1	4
10° Répéter la marche P, ce qui donne....................	35	162
11° Répéter la marche O, ce qui donne....................	34	158
12° Faire 1 élargissure et 2 mailles ordinaires....................	1	2
Totaux....................	105	486

Ce qui porte le nombe de mailles à : 591

Faire ensuite 13 tours en mailles or-dinaires.

	Élargissures	Mailles ordinaires

12e Cylindre. — Moule de 0m,031, même fil.

1er Tour.

	Élargissures	Mailles ordinaires
1° Faire 7 mailles ordinaires........	»	7
2° Faire 2 fois de suite 1 élargisssure et 13 mailles ordinaires..........	2	26
3° Faire 1 élargissure et 14 mailles ordinaires......................	1	14
4° Faire 1 élargissure et 13 mailles ordinaires......................	1	13
5° Faire 1 élargissure et 14 mailles ordinaires......................	1	14
6° Répéter la marche Q, ce qui donne........................	2	27
7° Répéter 5 fois la marche R, ce qui donne........................	35	470
8° Faire 1 élargissure et 14 mailles ordinaires......................	1	14
9° Faire 1 élargissure et 6 mailles ordinaires......................	1	6
Totaux..........	44	591

Ce qui porte le nombre de mailles à : 635

Faire ensuite 13 tours en mailles endinaires.

13e Cylindre. — Même moule et même fil.

1er Tour.

	Élargissures	Mailles ordinaires
1° Faire 2 mailles ordinaire........	»	2

		Élargis-sures	Mailles ordinaires
U	S	2° Faire 2 fois de suite 1 élargissure et 4 mailles ordinaires.............. 2	8
		3° Faire 1 élargissure et 5 mailles or-dinaires...................... 1	5
		4° Répéter 2 fois la marche S, ce qui donne...................... 6	26
	T	5° Faire 1 élargissure et 4 mailles or-naires...................... 1	4
		6° Faire 1 élargissure et 5 mailles or-dinaires...................... 1	5
		7° Répéter la marche T, ce qui donne...................... 2	9
		8° Répéter 10 fois la marche U, ce qui donne...................... 130	570
		9° Faire 1 élargissure et 4 mailles or-dinaires...................... 1	4
		10° Faire 1 élargissure et 2 mailles or-naires...................... 1	2

	Élargis-sures	Mailles ordinaires
Totaux,..............	145	635

Ce qui porte le nombre de mailles à : **780**

Faire ensuite 15 tours en mailles or-dinaires.

14⁰ **Cylindre.** — Moule de 0ᵐ,036.

1° Faire 1 tour en fil à 6 brins, ce qui donne 780

2° Faire 3 tours en fil à 8 brins, auxquels seront attachées les cordelettes, ce qui donne à cha-que tour................ 780

Mailles
ordinaires

15ᵉ Cylindre. — Moule de 0ᵐ,031.

    1⁰ Faire 1 tour en fil à 8 brins, auxquels seront attachées les cordelettes, ce qui donne.......   780

    2⁰ Faire 50 tours en fil à 6 brins, ce qui donne à chaque tour..............................   780

16ᵉ Cylindre. — Moule de 0ᵐ,036.

    1⁰ Faire un tour en fil à 6 brins ce qui donne....   780

    2⁰ Faire 2 tours en fil à 8 brins, auxquels sera attachée la corde plombée ou couronne des balles, ce qui donne à chaque tour.............   780

Ce filet ainsi terminé sera composé de 16 cylindres formant 227 tours, comprenant eux-mêmes 106.270 mailles et, on le complètera de la corde plombée, des cordelettes et de la corde centrale (dite corde de jet dans les éperviers ordinaires comme il a été indiqué pour l'épervier n° 1.

La corde plombée aura de 30 à 35 mètres de longueur, on y enfilera 260 balles ou olives plus grosses que celles employées dans les éperviers ordinaires et formant un poids total de 18 à 20 kilogrammes ; c'est-à-dire que chaque olive pèsera 75 à 76 grammes ; les cordelettes auront 35 centimètres de longueur et la corde centrale sera du double de grosseur de la corde de jet d'un épervier ordinaire mais elle n'aura que 4 mètres 50 à 5 mètres de longueur.

De l'Échiquier

L'échiquier, qui porte aussi et suivant les localités,
les différents noms de : *carreau, carrelet, carré,
calen, étiquet, furet et venturon*, est un filet de forme carrée, fig. 42, formant poche et monté sur deux
courbes AA attachées en croix, faites en bois léger
et élastique, dont la longueur est proportionnée, et à
la grandeur du filet et à la profondeur des eaux, dans
lesquelles on est appelé à pêcher.

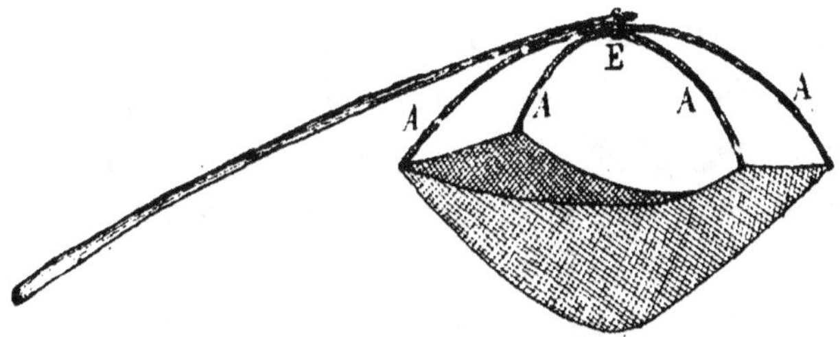

Fig. 42.

On ne devra jamais faire d'échiquier ayant moins
de 2ᵐ30 et plus de 4ᵐ00, de profondeur et on ne pê-
chera que dans des eaux de 2 mètres à 3 mètres
maximum, vu la difficulté d'obtenir des courbes
assez grandes pour pêcher dans des eaux plus profondes.

On rencontre rarement un échiquier bien fait ; les
uns présentent une nappe informe, les autres sont

circulaires et, presque tous, sont plats ou n'ayant pas assez de profondeur.

Autant on prend peu de poissons avec un échiquier mal fait et mal monté, autant on en prend beaucoup avec un échiquier bien monté, dont la profondeur sera proportionnée à celle de l'eau et, quand aussi, on aura la prudence et la patience de lever lentement ce filet jusqu'à ce qu'il soit complètement sorti de l'eau, quoi qu'en disent plusieurs auteurs, de l'avis desquels nous ne sommes pas et qui prétendent que l'échiquier doit, en toutes circonstances, être relevé le plus promptement possible.

La difficulté de faire ce genre de filet est probablement la cause qui en fait trouver bien peu dans les conditions voulues pour bien pêcher. Nous allons indiquer la manière d'en conduire la fabrication et nous donnerons ensuite les notes nécessaires à la fabrication de deux échiquiers à différentes mailles.

L'échiquier se commence toujours par le fond et par une nappe carrée plus ou moins grande, selon la dimension de la maille ; il se continue par des nappes rectangulaires, plus ou moins longues et larges, sur lesquelles on fait le nombre d'étrécissures nécessaires. Il paraîtra peut être surprenant, de voir faire des étrécissures pour confectionner un filet qui doit augmenter de profondeur à chaque tour de mailles, c'est cependant le seul moyen d'arriver à donner à l'échiquier la forme de poche indispensable pour qu'il pêche bien.

En admettant qu'on emploie le même moule ou qu'on en change, on ne fera jamais d'étrécissure qu'après avoir confectionné le premier tour de la nappe à exécuter. Exemple : Ayant fait la première nappe A, fig. 43, on commencera les nappes rectangulaires, par la nappe B mais on ne fera les étrécissures voulues qu'au second tour de cette nappe ; la nappe B terminée on commencera la nappe C en ne

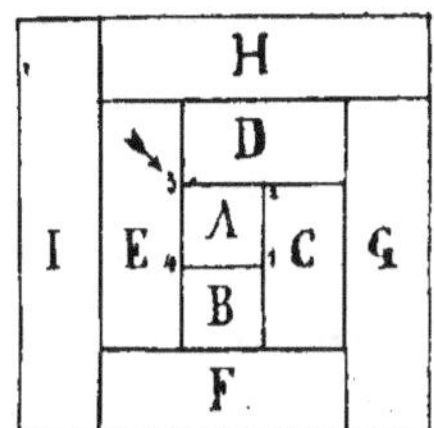

Fig. 43.

faisant les étrécissures voulues qu'au second tour de cette nappe et seulement sur la longueur de la nappe carrée A ou de 1 à 2 ; la nappe C terminée, on fera le premier tour de la nappe D, en ayant soin d'enlever le fil qui a commencer le filet et de rattacher ce bout de fil (*indiqué à l'endroit où il se trouve dans la fig. 43 par une flèche*) à la maille qui lui correspond, sans cela on aurait, en cet endroit, un petit trou irrégulier et, on étrécira comme dans la nappe précédente mais au second tour et seulement sur la longueur de la nappe carrée A ou de 2 à 3;

la nappe D terminée, on commencera la nappe E, en
ne faisant les étrécissures voulues qu'au second tour
et seulement sur la longueur de la nappe carrée A
ou de 3 à 4 ; la nappe E terminée, on commencera
la nappe F, en ne faisant les étrécissures qu'au
second tour et sur la longueur des nappes E, B, C ;
la nappe F terminée, on commencera la nappe G, en
ne faisant les étrécissures qu'au second tour et seulement sur la longueur des nappes C et D ; la nappe
G terminée, on commencera la nappe H en ne faisant les étrécissures qu'au second tour et seulement
sur la longueur des nappes D et E ; la nappe H terminée, on commencera la nappe I en ne faisant les
étrécissures qu'au second tour et seulement sur la
longueur de la nappe E et on continuera ainsi le filet
par des nappes rectangulaires, jusqu'à ce que l'échiquier ait la longueur et la profondeur déterminées,
*en ayant soin de ne jamais faire les étrécissures
qu'au second tour de chaque nappe et seulement sur
a longueur des nappes précédentes,* en se conformant à la marche ci-dessus indiquée.

Nota. — Chaque fois qu'on commencera une nappe, on devra enlever la ficelle qui a servi à maintenir le filet pour la fabrication de la nappe précédente
et la passer dans le 3e ou 4e tour des mailles, du côté
où on doit travailler puis, comme il arrive, presque
toujours, qu'il y a cascade, par suite des étrécissures ou des différences de grandeur des mailles (*ce
qui rend le travail très difficile pour le faire bien*

régulier) il est indispensable, pour ne plus être gêné
et travailler régulièrement, de changer de nouveau la
ficelle, en la passant dans le premier tour de la nappe commencée, après avoir fait trois ou quatre tours
au moins.

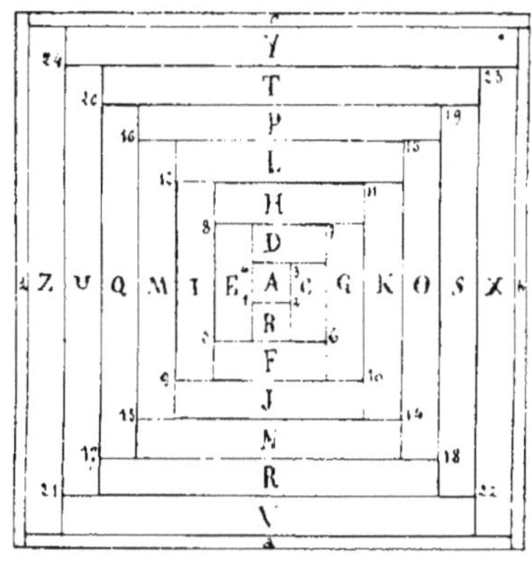

Fig. 44.

Type N° 1.

Echiquier à mailles de 0ᵐ015, dans le fond du filet,
avec côtés de 4 mètres 13 de longueur et aux moules de 0ᵐ015, 0ᵐ02, 0ᵐ027. 0ᵐ031, 0ᵐ036, et 0ᵐ04,
fig. 44.

	Mailles ordinaires	Etrécis-sures
1ᵉʳ Carré. — Moule de 0ᵐ,015, fil à 2 brins très fin.		
Commencer le filet sur 26 mailles et faire 52 tours ce qui, pour avoir la nappe carré A, formant le fond du filet, donne............	1352	»

	Mailles ordinaires	Etrécissures

2ᵉ Carré. — Même moule et même fil.

Faire sur les côtés du carré A, les 4 nappes rectangulaires B. C. D. E, de 21 tours chacune, ayant soin d'étrécir au 2ᵉ tour de chaque nappe, de 1/3 ou de 1 maille sur 3, (*c'est-a-dire, faire successivement 1 maille ordinaire et 1 étrécissure*) mais seulement sur les longueurs formant le carré A ou de 1 à 2, de 2 à 3. de 3 à 4, et de 4 à 1, fig. 44, et en travaillant de la manière suivante :

1ᵉ Nappe B.

	Mailles ordinaires	Etrécissures
1ᵉʳ Tour. — Faire 26 mailles ordinaires sur la nappe A..........................	26	»
2ᵉ Tour. — 1⁰ Faire 8 fois de suite 1 m. ord. et 1 étrécis....................	8	8
2⁰ Faire 2 m. ord.............	2	»
Faire ensuite 19 tours de 18 m. ord. chacun...................	342	«

2ᵉ Nappe C.

	Mailles ordinaires	Etrécissures
1ᵉʳ Tour. — Faire 36 m. ord. sur les nappes B et A.......................	36	»
2ᵉ Tour. — 1⁰ Faire 8 fois de suite 1 m. ord. et 1 étrécis. sur la nappe A....	8	8
2⁰ Faire 2 m. ord. sur la nappe A..........................	2	»
3⁰ Faire 10 m. ord. sur la nappe B...........................	10	»
Faire ensuite 19 tours de 30 m. ord. chacun.................	570	»

	Mailles ordinaires	Etrécis- sures

3º *Nappe D.*

1er Tour. — Faire 36 m. ord. sur les nappes
C et A....................... | 36 | » |

2e Tour. — 1º Faire 8 fois de suite 1 m. ord.
et 1 étrécis. sur la nappe A.... | 8 | 8 |

2º Faire 2 m. ord. sur la nappe
A........................... | 2 | » |

3º Faire 10 m. ord. sur la nappe
C........................... | 10 | » |

Faire ensutie 19 tours de 30 m.ord
chacun..................... | 570 | » |

4e *Nappe E.*

1er Tour. — Faire 47 m. ord. sur les nappes
D, A, B..................... | 47 | » |

2e Tour. — 1º Faire 11 m. ord. sur la nappe
B........................... | 11 | » |

2º Faire 8 fois de suite 1 m. ord.
et 1 étrécis. sur la nappe A... | 8 | 8 |

3º Faire 2 m.ord.sur la nappe A. | 2 | » |

4º Faire 10 m. ord. sur la nappe
D........................... | 10 | » |

Faire ensuite 19 tours de 41 m.
ord. chacun................. | 779 | » |

3e Carré. — Moule de 0m02, même fil.

Faire sur les côtés du carré B. C. D. E. les
4 nappes rectangulaires F. G. H. I. de 21 tours
chacune, en ayant soin d'étrécir, au 2e tour
de chaque nappe, de 1/3 ou de 1 maille sur

	Mailles ordinaires	Etrécis- sures

3. mais seulement sur les longueurs formant le carré B. C. D. E. ou de 5 à 6, 6 à 7, 7 à 8 et de 8 à 5, fig. 11. et en travaillant de la manière suivante :

1re *Nappe F.*

1er Tour. — Faire 40 m. ord. sur les nappes E. B. C.	40	»
2e Tour. — 1° Faire 13 fois de suite 1 m. ord. et 1 étrécissure	13	13
2° Faire 1 maille ordinaire	1	»
Faire ensuite 19 tours de 28 m. ord. chacun	532	,

2e *Nappe G.*

1er Tour. — Faire 50 m. ord. sur les nappes F. C. D	50	»
2e Tour. — 1° Faire 13 fois de suite 1 m. ord. et 1 étrécis. sur les nappes D. et C.	13	13
2° Faire 1 m. ord. sur la nappe C.	1	»
3° Faire 10 m. ord. sur la nappe F.	10	»
Faire ensuite 19 tours de 38 m. ord. chacun	722	,

3e *Nappe H.*

1er Tour. — Faire 50 m. ord. sur les nappes G. D. E.	50	»
2e Tour. — 1° Faire 13 fois de suite 1 m. ord. et 1 étrécis. sur les nappes E. D.	13	13

	Mailles ordinaires	Etrécis- sures

2⁰ Faire 1 m. ord. sur la nappe
D.......................... 1 »

3⁹ Faire 10 m. ord. sur la nappe
G.......................... 10 »

Faire ensuite 19 tours de 38 m.
ord. chacun................ 722 »

4ᵉ Nappe I.

1ᵉʳ Tour. — Faire 61 m. ord. sur les nappes
H. E. F .... 61 »

2ᵉ Tour. — 1⁰ Faire 11 m. ord. sur la nappe
F......................•.... 11 »

2⁰ Faire 13 fois de suite 1 m. ord.
et 1 étrécis. sur la nappe E... 13 13

3⁰ Faire 1 m.ord. sur la nappe E. 1 »

4⁰ Faire 10 m. ord. sur la nappe
H.......................... 10 »

Faire ensuite 19 tours de 49 m.
ord. chacun .... 931 »

4ᵉ Carré. — Moule de 0ᵐ027, même fil.

Faire sur les côtés du carré F. G. H. I. les 4 nappes rectangulaires J. K. L. M. de 21 tours chacune, en ayant soin d'étrécir, au 2ᵉ tour de chaque nappe, de 1/3 ou de 1 maille sur 3, mais seulement sur les longueurs formant le carré F. G. H. I. ou de 9 à 10, 10 à 11, 11 à 12 et de 12 à 9.(fig.44) et en travaillant de la manière suivante :

	Mailles ordinaires	Etrécissures

1re Nappe J.

1er Tour. — Faire 48 m. ord. sur les nappes I. F. G. .... **48** »

2e Tour. — Faire 16 fois de suite 1 m. ord. et 1 étrécis **16** **16**

Faire ensuite 19 tours de 32 m. ord chacun.............. **648** »

2e Nappe K.

1er Tour. — Faire 58 m. ord. sur les nappes J. G. H. .... **58** »

2e Tour. — 1° Faire 16 fois de suite 1 m. ord. et 1 étrécis, sur les nappes H.G. **16** **16**

2° Faire 10 m. ord. sur la nappe J. .... **10** »

Faire ensuite 19 tours de 42 m. ord. chacun............... **798** »

3e Nappe L.

1er Tour. — Faire 58 m. ord. sur les nappes K, H, I. .... **58** »

2e Tour. — 1° Faire 16 fois de suite 1 m. ord. et 1 étrécis, sur les nappes I, H. **16** **16**

2° Faire 10 m. ord. sur la nappe K. .... **10** »

Faire ensuite 19 tours de 42 m. ord. chacun .... **798** »

4e Nappe M.

1er Tour. — Faire 69 m. ord. sur les nappes L, I, J. .... **69** »

2e Tour. — 1° Faire 11 m. ord. sur la nappe J. **11** »

	Mailles ordinaires	Étrécis-sures
2° Faire 16 fois de suite 1 m. ord. et 1 étrécis, sur la nappe I....	16	16
3° Faire 10 m. ord. sur la nappe L.	10	»
Faire ensuite 19 tours de 53 m. ord. chacun............	1007	»

5e Carré. — Moule de 0m031, même fil.

Faire sur les côtés du carré J, K. L, M, les 4 nappes rectangulaires N, O, P. Q, de 21 tours chacune, en ayant soin d'étrécir, au 2e tour de chaque nappe de 1/3 ou de 1 maille sur 3, mais seulement sur les longueurs formant le carré J, K, L. M. ou de 13 à 14, 14 à 15, 15 à 16 et de 16 à 13 (fig. 44,)et en travaillant de la manière suivante :

1re Nappe N.

1er Tour. — Faire 52 m. ord. sur les nappes M, J, K.....................	52	»
2e Tour. — 1° Faire 17 fois de suite 1 m. ord. et 1 étrécis...................	17	17
2° Faire 1 m. ord............	1	»
Faire ensuite 19 tours de 36 m. ord. chacun..................	684	»

2e Nappe O.

1er Tour. — Faire 62 m. ord. sur les nappes N, K, L.....................	62	»
2e Tour. — 1° Faire 17 fois de suite 1 m. ord. et 1 étrécis, sur les nappes L,K.	17	17
2° Faire 1 m. ord. sur la nappe K.	1	»

	Mailles ordinaires	Etrécissures
3° Faire 10 m. ord. sur la nappe N......................	10	»
Faire ensuite 19 tours de 46 m. ord. chacun................	874	»

3e Nappe P.

1er Tour. — Faire 62 m. ord. sur les nappes O, L, M....................	62	»
2e Tour. — Faire 17 fois de suite 1 m. ord. et 1 étrecis sur les nappes M, L.	17	17
2° Faire 1 m. ord. sur la nappe L.	1	»
3° Faire 10 m. ord. sur la nappe O......................	10	»
Faire ensuite 19 tours de 46 m. ord. chacun................	874	»

4e Nappe Q.

1er Tour. — Faire 73 m. ord. sur les nappes P, M, N....................	73	»
2e Tour. — 1° Faire 11 m. ord. sur la nappe N.	11	»
2° Faire 17 fois de suite 1 m. ord. et 1 étrécis, sur la nappe M.	17	17
3° Faire 1 m. ord. sur la nappe M......................	1	»
4° Faire 10 m. ord. sur la nappe P......................	10	»
Faire ensuite 19 tours de 57 m. ord......................	1083	»

6e Carré. — Moule de 0^m036, fil à 3 brins très fin.

	Mailles ordinaires	Etrécis-sures

Faire sur les côtés du carré N, O, P, Q, les
4 nappes rectangulaires R, S, T, U, de 25
tours chacune, en ayant soin d'étrécir, au 2º
tour de chaque nappe, de 1/3 ou de 1 maille
sur 3, mais seulement sur les longueurs formant le carré N, O, P, Q, ou de 17 à 18, 18
à 19, 19 à 20 et de 20 à 17,(fig.44,) et en travaillant de la manière suivante :

1ʳᵉ Nappe R.

1ᵉʳTour. — Faire 56 m. ord. sur les nappes
Q, N, O..................... 56   »

2ᵉ Tour. — 1º Faire 18 fois de suite 1 m. ord.
et un étrécis................ 18   18

2º Faire 2 m. ord............. 2   »

Faire ensuite 23 tours de 40 m.
ord. chacun................ 920   »

2ᵉ Nappe S.

1ᵉʳ Tour. — Faire 68 m. ord. sur les nappes
R, O, P..................... 68   »

2ᵉ Tour. — 1º Faire 18 fois de suite 1 m. ord.
et 1 étrécis,sur les nappes P,O. 18   18

2º Faire 2 m.ord. sur la nappe O. 2   »

3º Faire 12 m. ord. sur la nappe
R.......................... 12   »

Faire ensuite 23 tours de 52 m.
ord. chacun................ 1196   »

3ᵉ Nappe T.

1ᵉʳTour. — Faire 68 m. ord. sur les nappes
S, P, Q 68   »

	Mailles ordinaires	Etrécissures
2e Tour. — 1° Faire 18 fois de suite 1 m. ord. et 1 étrécis, sur les nappes Q, P.	18	18
2° Faire 2 m. ord. sur la nappe P.	2	»
3° Faire 12 m. ord. sur la nappe S.	12	»
Faire ensuite 23 tours de 52 m. ord. chacun.	1196	»

4e Nappe U.

1er Tour. — Faire 81 m. ord. sur les nappes T, Q, R	81	»
2e Tour. — 1° Faire 13 m. ord. sur la nappe R.	13	»
2° Faire 18 fois de suite 1 m. ord. et 1 étrécis, sur la nappe Q.	18	18
3° Faire 2 m. ord. sur la nappe Q.	2	»
4° Faire 12 m. ord. sur la nappe T.	12	»
Faire ensuite 23 tours de 65 m. ord. chacun.	1495	»

7e Carré. — Moule de 0m04. même fil.

Faire sur les côtés du carré R, S, T, U, les 4 nappes rectangulaires V, X, Y, Z, de 25 tours chacune, en ayant soin d'étrécir, au 2e tour de chaque nappe, de 1/3 ou de 1 maille sur 3, mais seulement sur les longueurs formant le carré R, S, T, U, ou de 21 à 22, 22 à 23, 23 à 24 et de 24 à 21 (fig. 44) et en travaillant de la manière suivante :

	Mailles ordinaires	Étrécissures

1re Nappe V.

1er Tour. — Faire 64 m. ord. sur les nappes
U, R, S .... 64 »

2e Tour. — 1° Faire 21 fois de suite 1 m. ord.
et 1 étrécis................ 21 21

2° Faire 1 m. ord. .... 1 »

Faire ensuite 23 tours de 44 m.
ord. chacun................ 1012 »

2e Nappe X.

1er Tour. — Faire 76 m. ord. sur les nappes
V, S, T.... .... 76 »

2e Tour. — 1° Faire 21 fois de suite 1 m. ord.
et 1 étrécis, sur les nappes T, S. 21 21

2° Faire 1 m. ord. sur la nappe S. 1 »

3° Faire 12 m. ord. sur la nappe
V......... .... 12 »

Faire ensuite 23 tours de 56 m.
ord. chacun .... 1288 »

3e Nappe Y.

1er Tour. — Faire 76 m. ord. sur les nappes
X, T, U..................... 76 »

2e Tour. — 1° Faire 21 fois de suite 1 m.
ord. et 1 étrécis, sur les nappes
U, T....................... 21 21

2° Faire 1 m. ord. sur la nappe T. 1 »

5° Faire 12 m. ord. sur la nappe
X......................... 12 »

Faire ensuite 23 tours de 56 m.
ord. chacun................ 1288 »

	Mailles ordinaires	Etrécissures
4° *Nappe Z.*		
1er Tour. — Faire 89 m. ord. sur les nappes Y, U, V......................	89	»
2e Tour. — 1° Faire 13 m. ord. sur la nappe V......................	13	»
2° Faire 21 fois de suite 1 m. ord. et 1 étrécis, sur la nappe U....	21	21
3° Faire 1 m. ord. sur la nappe U.	1	»
4° Faire 12 m. ord. sur la nappe Y......................	12	»
Faire ensuite 23 tours de 69 m. ord. chacun................	1587	»

8° Carré. — Moule de 0m04, fil à 5 brins forts.

Faire sur les côtés du carré V, X, Y, Z, les nappes rectangulaires *a*, *b. c, d,* de 3 tours chacune et sans étrécir, *(ces trois tours étant destinés à recevoir la corde de pourtour qui doit supporter le filet)* en travaillant de la manière suivante :

1re *Nappe a.*		
Faire sur les nappes Z, V et X 3 tours de 68 m. ord. chacun.........................	204	»
2e *Nappe b.*		
Faire sur les nappes *a*, X et Y 3 tours de 9 m. ord. chacun......................	207	»
3e *Nappe c.*		
Faire sur les nappes *b.* Y et Z 3 tours de 69 m. ord. chacun.........................	207	»

Mailles   Étrécis-
ordinaires   sures

4e Nappe d.

Faire sur les nappes *c*, Z et *a*, 3 tours de 70

m. ord. chacun......................   210   »

Cet *échiquier*, ainsi terminé, sera composé de 8
carrés comprenant 29 nappes de 600 tours et il aura
25.972 mailles. On le complètera de la corde destinée
à le supporter sur ses quatre côtés, en se conformant, à ce qui est indiqué page 174 à l'article :
garnir l'échiquier.

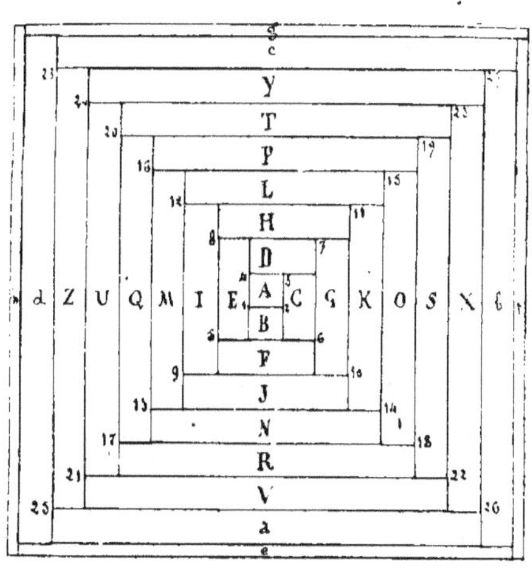

Fig. 45.

Type N° 2.

Echiquier à mailles de 0^m,009, dans le fond du
filet, avec côtés de 3 mètres 84 cent. de longueur

et aux moules de $0^m,009$, $0^m,013$, $0^m,02$, $0^m,027$, $0^m,031$, $0^m,036$ et $0^m,04$ (fig. 45).

	Mailles ordinaires	Etrécissures
1er Carré. — Moule de $0^m,009$, fil à 2 brins très fins.		
Commencer le filet sur 26 mailles et faire 52 tours, ce qui, pour avoir la nappe carrée A, formant le fond du filet, donne.........	1352	»
2e Carré. — Même moule et même fil.		
Faire sur les côtés du carré A les 4 nappes rectangulaires B, C, D, E (fig. 45) de 21 tours chacune, et en copiant textuellement le travail indiqué page 154 pour le 2e carré de l'échiquier n° 1, ce qui donnera pour ces 4 nappes....................................	2487	32
3e Carré. — Moule de $0^m,013$, même fil.		
Faire sur les côtés du carré B, C, D, E, les 4 nappes rectangulaires F, G, H, I (fig. 45), de 21 tours chacune, et en copiant textuellement le travail indiqué page 155 pour le 3e carré de l'échiquier n° 1, ce qui donnera pour ces 4 nappes....................................	3205	52
4e Carré. — Moule de $0^m,02$ et même fil.		
Faire sur les côtés du carré F, G, A, I, les 4 nappes rectangulaires J, K, L, M (fig. 45), de 21 tours chacune et en copiant textuellement le travail indiqué page 157 pour le 4e carré de l'échiquier n° 1, ce qui donnera pour ces 4 nappes	3559	64

	Mailles ordinaires	Etrécissures

5e Carré. — Moule de 0^m,27, même fil.

Faire sur les côtés du carré J, K, L, M, les 4 nappes rectangulaires N, O, P, Q (fig. 45), de 21 tours chacune et en copiant textuellement le travail indiqué page 159 pour le 5e carré de l'échiquier n° 1, ce qui donnera pour ces 4 nappes............................. **3877** **68**

6e Carré. — Moule de 0^m,031 et même fil.

Faire sur les côtés du carré N, O, P, Q, les 4 nappes rectangulaires R, S, T, U, de 21 tours chacune, en ayant soin d'étrécir au 2e tour de chaque nappe de 1/3 ou de 1 maille sur 3, mais seulement sur les longueurs formant le carré N, O, P, Q, ou de 17 à 18, de 18 à 19, 19 à 20 et de 20 à 17 (fig. 45), en travaillant de la manière suivante :

1re Nappe R.

1er Tour. — Faire 56 m. ord. sur les nappes Q, N, O.....................   **56**   »

2e Tour. — 1° Faire 18 fois de suite 1 m. ord. et 1 étrécis.............   **18**   **18**

2° Faire 2 m. ord...............   **2**   »

Faire ensuite 19 tours de 40 m. ord. chacun.................   **760**   »

2e Nappe S.

1er Tour. — Faire 66 m. ord sur les nappes R, O, P.....................   **66**   »

2e Tour. — 1° Faire 18 fois de suite 1 m.

	Mailles ordinaires	Etré- cissures
ord. et 1 étrécis, sur les nappes P. O....................	18	18
2° Faire 2 m. ord. sur la nappe O	2	»
3° Faire 10 m. ord. sur la nappe P........................	10	»
Faire ensuite 19 tours de 50 m. ord. chacun..............	950	»

3ᵉ *Nappe T.*

	Mailles ordinaires	Etré- cissures
1ᵉʳ Tour. — Faire 66 m. ord. sur les nappes S, P, Q......................	66	»
2ᵉ Tour. — 1° Faire 18 fois de suite 1 m. ord. et 1 étrécis sur les nappes Q, P......................	18	18
2° Faire 2 m. ord. sur la nappe P........................	2	»
8° Faire 10 m. ord. sur la nappe S........................	10	»
Faire ensuite 19 tours de 50 m. ord. chacun..............	950	»

4ᵉ *Nappe U.*

	Mailles ordinaires	Etré- cissures
1ᵉʳ Tour. — Faire 77 m. ord. sur les nappes T, Q, R......................	77	»
2° Four. — 1° Faire 11 m. ord. sur la nappe R........................	11	»
2° Faire 18 fois de suite 1 m. ord. et 1 étrécis sur la nappe Q.	18	18
3° Faire 2 m. ord. sur la nappe Q........................	2	»

	Mailles ordinaires	Etré-cissures
4° Faire 10 m. ord. sur la nappe T	10	»
Faire ensuite 19 tours de 61 m. ord. chacun	1159	»

7° Carré. — Moule de 0^m,036 et fil à 3 brins très fins.

Faire sur les côtés du carré R, S. T, U. les 4 nappes rectangulaires V, X, V, Z, de 21 tours chacune, en ayant soin d'étrécir, au 2e tour de chaque nappe, de 1/3 ou de 1 maille sur 3, mais seulement sur les longueurs formant le carré R, S, T, U, ou de 21 à 22, 22 à 23, 23 à 34 et de 24 à 21 (fig. 45), en travaillant de la manière suivante :

1re Nappe V.

1er Tour. — Faire 60 m. ord. sur les nappes V, R, S	60	»
2e Tour. — Faire 20 fois de suite 1 m. ord. et 1 étrécis	20	20
Faire ensuite 19 tours de 40 m. ord. chacun	760	»

2e Nappe X.

1er tour. — Faire 70 m. ord. sur les nappes V, S, T	70	»
2° Tour. — 1° Faire 20 fois de suite 1 m. ord. et 1 étrécis, sur les nappes T, S	20	20

2° Faire 10 m. ord. sur la nappe

	Mailles ordinaires	Etrécissures
V	10	»
Faire ensuite 19 tours de 50 m. ord. chacun	900	»

3ᵉ Nappe Y.

1ᵉʳ Tour. — Faire 70 m. ord. sur les nappes X, T, U.	70	»
2ᵉ Tour. — 1° Faire 20 fois de suite 1 m. ord. et 1 étrécis sur les nappes V, T.	20	20
2° Faire 10 m. ord. sur la nappe X.	10	»
Faire ensuite 19 tours de 50 m. ord. chacun	950	»

4ᵉ Nappe Z.

1ᵉʳ Tour. — Faire 81 m. ord. sur les nappes Y, U, V.	81	»
2ᵉ Tour. — 1° Faire 11 m. ord. sur la nappe V.	11	»
2° Faire 20 fois de suite 1 m. ord. et 1 étrécis, sur la nappe U.	20	20
3° Faire 10 m. ord. sur la nappe Y	10	»
Faire ensuite 19 tours de 61 m. ord. chacun	1159	»

8ᵉ Carré. — Moule de 0ᵐ,04, même fil.
Faire sur les côtés du carré V, X, Y, Z, les
4 nappes rectangulaires *a, b, c, d,* de 21 tours

<table>
<tr><td></td><td>Mailles
ordinaires</td><td>Etré-
cissures</td></tr>
</table>

chacune, en ayant soin d'étrécir, au 2e tour
de chaque nappe, de 1/3 ou de 1 maille sur 3,
mais seulement sur les longueurs formant le
carré V, X, Y, Z, ou de 25 à 26, 26 à 27, 27 à
28 et de 28 à 25 (fig. 45), en travaillant de la
manière suivante :

1re Nappe a.

	Mailles ordinaires	Etrécissures
1er Tour. — Faire 60 m. ord. sur les nappes Z, V, X	60	»
2e Tour. — Faire 20 fois de suite 1 m. ord. et 1 étrécis	20	20
Faire ensuite 19 tours de 40 m. ord. chacun	760	»

2 Nappe b.

	Mailles ordinaires	Etrécissures
1er Tour. — Faire 70 m. ord. sur les nappes a, X, Y	70	»
2e Tour. — Faire 20 fois de suite 1 m. ord. et 1 étrécis sur les nappes Y, X	20	20
2o Faire 10 m. ord. sur la nappe a	10	»
Faire ensuite 19 tours de 50 m. ord. chacun	950	»

3e Nappe c.

	Mailles ordinaires	Etrécissures
1er Tour. — Faire 70 m. ord. sur les nappes b, Y, Z	70	»
2e Tour. — 1o Faire 20 fois de suite 1 m. ord. et 1 étrécis sur les nappes Z, Y	20	20
2o Faire 10 m. ord. sur la nappe b	10	»

	Mailles ordinaires	Etrécissures
Faire ensuite 19 tours de 50 m. ord. chacun.................	950	»

4ᵉ Nappe d.

1ᵉʳ Tour. — Faire 81 m. ord. sur les nappes c, Z, a.......................

1ᵉʳ Tour. — Faire 81 m. ord. sur les nappes c, Z, a........................	81	»
2ᵉ Tour. — 1ᵒ Faire 11 m. ord. sur la nappe a	11	»
2ᵒ Faire 20 fois de suite 1 m. ord. et 1 étrécis sur la nappe Z	20	20
3ᵒ Faire 10 m. ord. sur la nappe c	10	»
Faire ensuite 19 tours de 61 m. ord. chacun	1159	»

9ᵉ Carré. — Moule de 0ᵐ,04, fil à 5 brins très forts.

Faire sur les côtés du carré a, b, c, d, les 4 nappes rectangulaires e, f, g, h, de 3 tours chacune, et sans étrécir (*ces trois tours étant destinés à recevoir la corde de pourtour qui doit supporter le filet*) en travaillant de la manière suivante :

1ʳᵉ Nappe e.

Faire sur les nappes d, a, b, 3 tours de 60 m. ord. chacun.......................	180	»

2ᵉ Nappe f.

Faire sur les nappes e, b, c, 3 tours de 61 m. ord. chacun.......................	183	»

3ᵉ Nappe g.

Faire sur les nappes f, c, d., 3 tours de 61 m. ord. chacun.......................	183	»

	Mailles ordinaires	Etré- cissures
4e Nappe *h.*		
Faire sur les nappes *g, d, e,* 3 tours de 62 m. ord. chacun	186	.

Cet échiquier ainsi terminé sera composé de 9 carrés, comprenant 33 nappes, de 652 tours et il aura 28.307 mailles. On le complètera de la corde destinée à le supporter sur ses 4 côtés, en se conformant à ce qui est indiqué page 174 à l'article : *Garnir l'échiquier.*

Les deux échiquiers dont nous venons de parler, sont faits avec côtés ayant chacun 4 mètres environ de longueur et ils ne peuvent être maniés qu'à la corde, à la poulie ou à l'aide d'une bascule et dans des endroits spéciaux.

Pour en fabriquer de moins grands, pouvant se lever à la main, soit d'une barque, soit de la rive, e_t avec lesquels on ne prend généralement que du frétin, on se conformera aux indications données pour la fabrication de ces deux grands échiquiers, sauf à les finir sur les carrés faits au moule de $0^m,027$, $0^m,031$ ou $0^m,036$, selon la dimension qu'on désirera avoir sur chacun des côtés, mais, quelque soit le carré sur lequel on s'arrêtera, il faudra toujours terminer le filet par trois tours en gros fil, pour recevoir la corde de pourtour.

On fait des échiquiers, *dits Goujonniers*, dans lesquels les mailles de tous les carrés, depuis le carré du fond du filet jusqu'à celui des trois tours en gros fil qui doivent recevoir la corde de pourtour, sont tissées au moule de $0^m,009$. Ces échiquiers sont très longs à fabriquer, quoique beaucoup plus petits, ils n'indemnisent pas toujours de la peine qu'ils donnent à tisser et nous ajouterons que sur certaines rivières ils sont prohibés ; néanmoins, pour en fabriquer un, si on le désire, il faudrait se conformer aux indications données à l'*Echiquier* n° 2, page 165, en faisant tous les carrés à la maille de $0^m,009$ et en s'arrêtant, par trois tours en gros fil, au carré sur lequel on jugera que la longueur des deux côtés de l'échiquier est suffisante.

Garnir l'échiquier

Quand un échiquier est tissé, il faut le garnir de la corde de pourtour du filet, disposer les courbes et les assembler, préparer les perches, les bascules, etc., etc., pour pouvoir pêcher.

Pour garnir l'échiquier de sa corde de pourtour, on calcule, au préalable, la dimension que devra avoir cette corde sur chacun des quatre côtés du filet, en multipliant le nombre des mailles de l'un des côtés par la diagonale de la maille dont sont composés les trois derniers tours en gros fil. Ex. : Si les trois derniers tours de notre filet sont faits à la maille de 0,04, dont la diagonale est 0,057425, et qu'il y ait, comme dans l'échiquier n° 1, 72 mailles sur chacun des côtés, nous multiplierons 0^m,057425 par 72, ce qui nous donnera 4^m,1346, soit en chiffre rond, 4^m,15 à 4^m,20 que devra avoir la corde sur chacun des quatre côtés de notre échiquier. Nous disons 4^m,20 parce qu'il ne faut pas que les mailles soient trop rigoureusement tendues sur la corde de pourtour, mais qu'elles puissent y glisser, ce qui n'arriverait pas si nous donnions à la corde la longueur très exacte de 4^m,13.

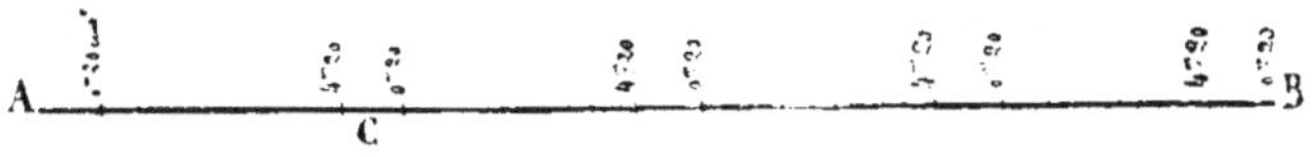

Fig. 46.

Cette dimension connue et, en supposant qu'elle soit, ainsi que nous venons de le voir, de 4^m,20, on la mesurera sur la corde, mais à partir seulement d'une longueur primitive de 20 centimètres du commencement de cette corde, longueur qui doit servir à faire un des quatre œillets (*appelés aussi boucles*) destinés à fixer le filet aux courbes de suspension. On indique sur la corde, soit à l'encre, soit au crayon, la première longueur de 20 centimètres, on mesure 4^m,20, qu'on indique au crayon ou à l'encre, et on agit ainsi pour mesurer et indiquer les longueurs des quatre côtés de la corde, ainsi que pour les quatre œillets, comme dans la fig. 46, de A à B. On remarquera que sur la dimension totale de la corde, il existe une cinquième longueur de 20 centimètres, au point B ; cela doit être, parce que cette longueur de 20 centimètres, en B, doit être nouée à la première longueur de 20 centimètres, en A, pour former, par leur réunion, un des quatre œillets de suspension.

La corde de pourtour étant ainsi mesurée, on la passe dans toutes les mailles du dernier tour du filet en gros fil et, cela fait, on prend la maille de l'angle du filet après la première longueur de $4^m,20$ indiquée à l'encre, on plie la première portion C de corde destinée à former l'œillet, en ayant soin de tenir les deux marques à l'encre qui la désignent, vis à vis l'une de l'autre ; on passe en double dans la maille et on fait un nœud exactement sur les deux marques à l'encre, de la corde ; on agit de même pour chaque maille d'angle, mais, comme au quatrième angle, il y a naturellement les deux bouts extrêmes de la corde A et B, on prend l'un d'eux auquel on donne toute la longueur développée d'un des œillets et on noue ce côté de la corde par un nœud droit, avec le bout opposé, mais auprès de la maille d'angle, de manière à avoir un œillet de même grandeur que les trois autres précédemment faits. L'échiquier se trouve ainsi prêt à être fixé aux courbes de suspension.

Le meilleur bois à employer pour les courbes d'échiquier est le *Saule Marceau* ou saule à feuilles rondes, bois très léger, présentant beaucoup de résistance en même temps qu'il est très élastique.

Il faut choisir quatre morceaux absolument de même grosseur sur toute leur longueur, on les écorce et on en arase les nœuds ; chaque morceau devra avoir comme longueur, au moins celle d'un d'un des côtés du filet, muni de sa corde de pourtour, soit 4^m,20, pour l'échiquier qui nous sert d'exemple.

Les courbes, ainsi préparées, avant de les réunir en croix et de les monter, il faut les mettre à la forme. Si le bois en est vert, elles peuvent être mises à la forme sans aucune préparation, mais si le bois en est sec, il faut les faire tremper dans l'eau pendant trois ou quatre jours, pour leur rendre la souplesse voulue.

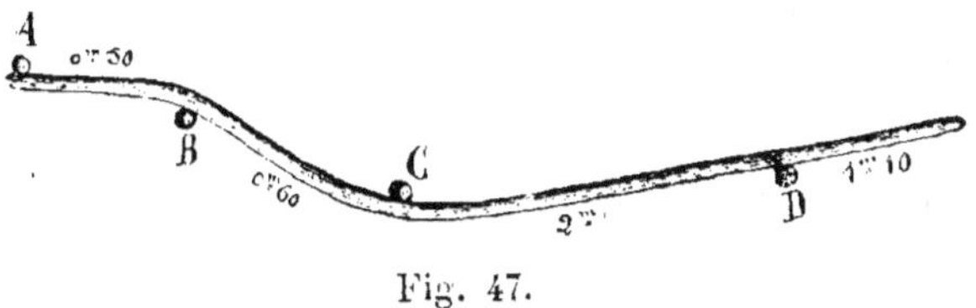

Fig. 47.

Pour préparer la forme, on choisit un terrain bien uni, on y plante solidement 3 piquets en A, B, C (fig. 47), dépassant la terre de 30 à 40 centimètres et aux distances indiquées sur la fig. 47, de manière que la partie de la courbe placée en avant des piquets A et C et en arrière du piquet B forme un angle assez prononcé, puis on plante un quatrième piquet D, à 2 mètres environ du piquet C, de sorte que la partie de la courbe placée en arrière et contre ce piquet D, soit fortement rejetée en dehors.

La première courbe ainsi fixée dans la forme, on
introduit successivement les autres courbes entre
les piquets, les unes par dessus les autres, et on les
laisse ainsi, à la forme, pendant au moins un mois,
temps nécessaire pour leur faire prendre et conserver la courbure voulue, avant de les monter.

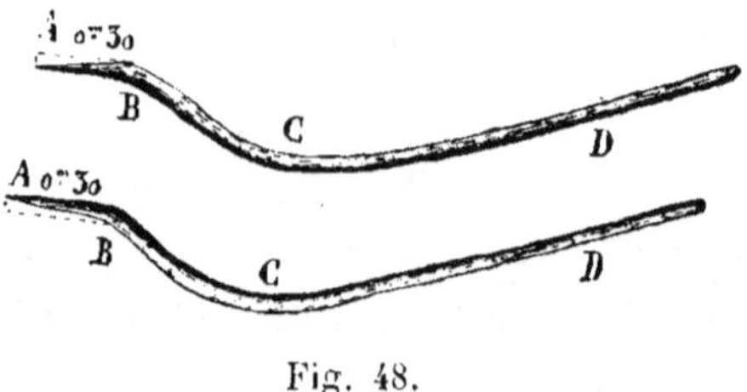

Fig. 48.

Pour monter les courbes, il faut d'abord réunir
chaque deux morceaux de courbes ensemble par
leurs extrémités AA (fig. 48) ; à cet effet on enlève,
à la plane, et sur une longueur de 30 centimètres

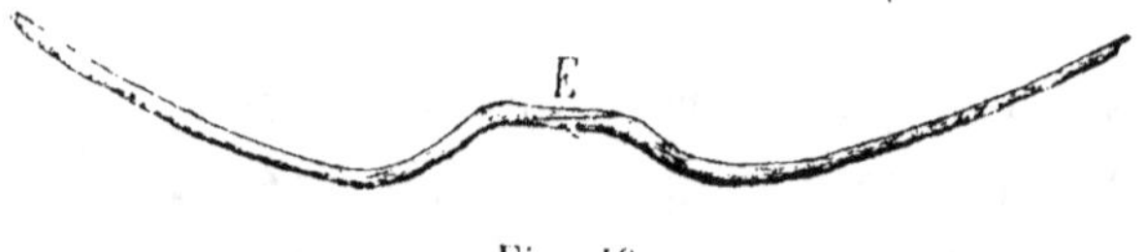

Fig. 49.

environ, le tiers du bois au point A, en arrivant en
biseau et à rien vers le point B, et si on fait cette
opération en dessus à la première courbe, on la fait
en dessous à la deuxième, en s'assurant que les sur-
faces planées en biseau, rapprochées l'une de l'autre, s'accouplent exactement sur toute leur surface
en E (fig. 49).

A un centimètre environ de l'extrémité A de chaque partie de courbe et du côté opposé à la surface
planée, on fait une petite rainure pour recevoir deux
ou trois révolutions de fil de fer puis, les deux parties planées étant réunies l'une à l'autre, on perce,
un peu en deça de chaque rainure et au moyen d'une
petite vrille, un trou traversant les deux morceaux
de bois qui seront joints l'un à l'autre par une pointe
un peu plus grosse que le trou de vrille et assez
longue pour qu'elle puisse être rabattue, en rivet,
du côté opposé où elle a été enfoncée avec un mar-
teau et, c'est alors qu'on fait dans les rainures,'les
deux ou trois révolutions de fil de fer, fortement
serré sur le bois, en tordant les deux extrémités
à l'aide d'une pince dite bec de canc.

Les courbes ainsi accouplées, pour les réunir en
croix (fig. 42), on prend une forte ficelle de 6 à 7
milimètres de diamètre et longue de 2ᵐ,50 environ,
on la plie en deux pour la doubler en la tordant sur
26 à 28 centimètres, au plus, de sa longueur étant
pliée et on arrête la torsion par un double nœud
pour, en passant la ficelle dans l'extrémité de la torsion jusqu'à ce que le nœud d'arrêt y soit passé lui-
même, faire un œillet qui fonctionnera comme un
nœud coulant.

Après avoir croisé les courbes l'une sur l'auire au
point E (fig. 42), on place la ficelle tordue, l'œillet
en dessus, puis, en passant un bout de cette ficelle
de chaque côté, on fait une ou deux révolutions

dans les angles opposés en entourant les deux courbes avec chaque bout de ficelle, ensuite on croise les deux ficelles en dessus et on fait de même une ou deux révolutions dans les deux autres angles opposés, puis on alterne ainsi jusqu'à ce qu'il ne reste, des deux bouts de la ficelle, que la longueur suffisante pour pouvoir les nouer ensemble et obtenir les courbes réunies, comme en la fig. 42.

Les courbes ainsi assemblées, on les égalisera en rognant un peu les deux bouts externes de celle qui est placée en dessous, afin que les quatre extrémités reposent également sur le fond de l'eau car, si on ne prenait pas cette précaution, le filet boîterait (disent les vieux pêcheurs à l'échiquier) et pêcherait mal, puis on y suspendra le filet en introduisant les courbes dans les œillets des mailles d'angle du filet et en serrant fortement la corde sur la courbe à un centimètre environ de son extrémité.

De la pêche à l'Échiquier.

On peut pêcher à l'échiquier de diverses manières soit avec des grands échiquiers établis à demeure et qu'on relève au moyen d'une poulie ou d'une bascule, la perche qui supporte le filet étant d'une longueur proportionnée à l'endroit de la rive où a été installée la pêcherie, soit encore en bateau, le système de poulie ou de bascule étant solidement établi à l'arrière, mais le mode de pêche à l'échiquier le plus généralement employé dans nos rivières se fait à la main avec des filets de dimensions moyennes, pouvant être facilement manœuvrés par le pêcheur qui, ne restant pas en place, pourra tendre son filet de la rive, mais en évitant de pêcher dans des eaux ayant plus de 2 mètres de profondeur et en recherchant de préférence les endroits où il existe des remous ou encore à l'entrée d'une arche de pont, enfin dans tout endroit où on sait que les poissons ont l'habitude de séjourner.

Pour pêcher à la main, indépendamment du filet monté sur des courbes, ainsi qu'il a été expliqué précédemment, on a une perche de 4^m,50 à 5 mètres de longueur, suivant que l'on est appelé à pêcher dans des endroits plus ou moins écartés de la rive. Autant que possible, cette perche devra être très droite, faite en bois d'*aulne* (ce bois étant léger et peu flexible) ; on passe l'extrémité la moins grosse dans la boucle qui forme nœud coulant au dessus des courbes, et on serre fortement cette boucle sur la perche, à 15 ou 20 centimètres de son extrémité. On pose le filet à l'eau en faisant le moins de bruit possible, mais en appuyant légèrement la perche sur les courbes pour faire descendre l'échiquier jusqu'à ce qu'on sente, à la main, que les courbes sont au fond et que leurs extrémités reposent également sur le sol. On laisse le filet à l'eau pendant un quart d'heure environ et on le relève en se

plaçant à cheval sur la perche que l'on saisit des
deux mains, le plus loin possible du corps pour, en se
renversant en arrière, en pliant les jarrets, faire bascule et sortir le filet de l'eau sans secousses et sans
bruit, afin de pouvoir poser l'échiquier une ou deux
fois au même endroit, avec chance de succès.

Cette pêche à l'échiquier, à la main, peut se faire
également en bateau, sur les bancs de sable, où
l'eau est peu profonde et où le pêcheur attire le goujon et autre frétin, au moyen d'un bouloir, à l'aide
duquel il trouble l'eau en remuant le sable un peu
au dessus du filet.

Lorsque les eaux sont troublées par une crue et
en bonne saison, la pêche à l'échiquier est toujours
fructueuse.

De la balance pour la pêche à l'écrevisse.

La pêche à l'écrevisse avec le petit filet appelé
balance (fig. 53), ayant quelque analogie avec la
pêche à l'échiquier, nous la comprendrons dans la
même catégorie et nous allons indiquer la manière
de faire et monter ce genre de filet, mais auparavant
nous devons placer ici une recommandation indispensable à la bonne fabrication de tous les filets qui,
comme la balance à écrevisses, se tissent sur le
pourtour d'une nappe carrée.

On remarquera que dans une nappe carrée, sur

le pourtour de laquelle on doit travailler pour obtenir un filet circulaire, il se trouvera toujours deux
mailles en moins sur celles que le nombre de tours
faits semble devoir *mathématiquement*, donner au
pourtour de cette nappe. Exemple : La fig. 52 nous
représente une nappe carrée composée de 10 tours
de 5 mailles chacun ; il semblerait donc qu'ayant,

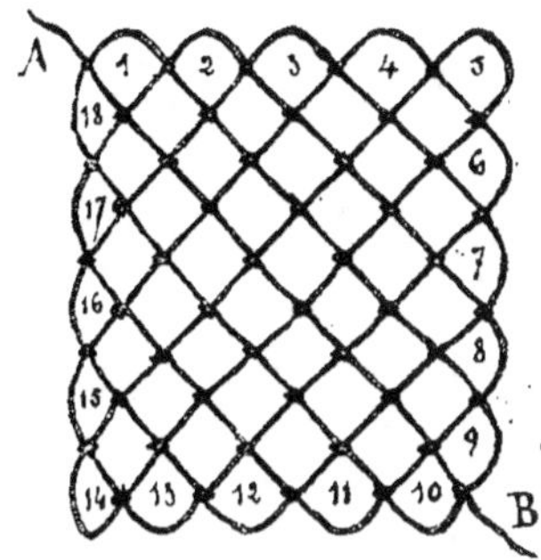

Fig. 52.

mathématiquement, 5 mailles sur chaque côté, nous
devrions compter 20 mailles de pourtour (5 × 4 =
20) au lieu qu'en y comptant exactemen t les mailles
les unes après les autres, en partant du point A, commencement de la nappe, pour revenir à ce même
point, nous n'en trouvons que 18.

Or, comme il est indispensable que le filet, pour
être bien monté, porte sur sa circonférence un *nombre pair* de mailles, il faudra toujours bien veiller à
faire (ainsi qu'on le verra plus loin dans le tissage de
la balance à écrevisses), dès le premier cylindre, le

nombre d'élargissures nécessaires, pour arriver de suite, c'est-à-dire presqu'en commençant le filet, à avoir, sur tous les tours qui le composeront, un nombre pair de mailles jusqu'à la terminaison du filet.

Ceci dit, *pour tous les filets qui se tissent sur le pourtour d'une nappe carrée*, tels que les *trubles, bouteux, harenaux, épuisettes*, etc., revenons à la fabrication de la balance à écrevisses, filet qui se fait toujours et en entier à la maille de 0^m.015 (fig. 53).

	Élargis-sures	Mailles ordinaires
Moule de 0^{m}015 fil à 3 brins, très fin. — Commencer le filet sur 8 mailles et faire 16 tours, pour obtenir une nappe carrée de 8 mailles de côté, ce qui donne pour les 16 tours		128

Cette nappe carrée faite, couper le fil de la navette en B, fig. 52, enlever la ficelle sur laquelle a été tissé le premier tour de mailles, faire glisser, en tirant dessus, les nœuds des mailles de ce premier tour et passer de nouveau la ficelle destinée à supporter le filet, dans la troisième maille sur tout le pourtour, en ayant soin de rattacher le fil de la navette en A, fig. 52, point d'où part le premier tour fait circulairement sur la nappe carrée et où l'on doit aussi attacher un fil courant, ainsi que cela est dit page 47 pour la fabrication des filets cylindriques

	Elargis- sures	Mailles ordinaires

1er Cylindre. — Moule de 0m015 même fil.

Faire les 2 premiers tours, en mailles ordinaires, de 31 mailles chacun ce qui donne pour ces deux tours....... »   62

3e Tour.

1° Faire 9 fois de suite 1 élargissure et 3 mailles ordinaires..................   9   27

2° Faire 2 fois de suite 1 élargissure et 2 mailles ordinaires..................   2   4

Totaux..........   11   31

Ce qui porte le nombre de mailles à :   42

Faire ensuite 2 tours en mailles ordinaires de 42 mailles chacun.

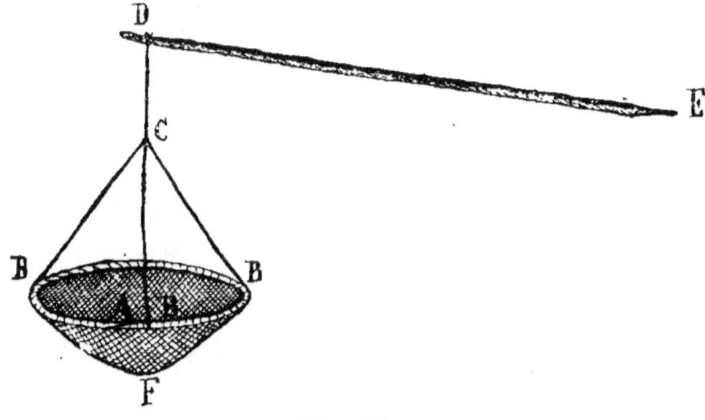

Fig. 53.

C'est ici le cas de dire que, dans tout filet se tissant sur le pourtour d'une nappe carrée, lorsqu'on doit élargir sur le 1er cylindre, les élargissures *sur ce 1er cylindre*, ne se commencent jamais que sur le

3ᵉ tour fait circulairement ; en outre, comme il y a toujours quelque peu d'irrégularité dans l'exécution, parfaite des mailles des premiers tours cylindriques surtout dans les mailles qui correspondent à celles des angles de la nappe carrée, pour éviter la continuation, de ce qu'on appelle, *des cascades* dans les mailles, après avoir tissé trois ou quatre tours circulaires, on enlève la ficelle qui supporte le filet, on la passe de nouveau dans le premier des trois ou quatre tours qui viennent d'être tissés et on obtient alors uniformité et régularité complètes dans la fabrication parfaite des mailles.

	Élargissures	Mailles ordinaires
2ᵉ Cylindre. — Moule de 0ᵐ015, même fil.		
1ᵉʳ Tour.		
1º Faire 8 fois de suite 1 élargissure et 4 mailles ordinaires................	8	32
2º Faire 2 fois de suite 1 élargissure et 5 mailles ordinaires.................	2	10
Totaux............	10	42

Ce qui porte le nombre de mailles à : 52

Faire ensuite 9 tours en mailles ordinaires, de 52 mailles chacun.

	Élargissures	Mailles ordinaires
3ᵉ Cylindre. — Moule de 0ᵐ015, même fil.		
1ᵉʳ Tour.		
1º Faire 8 fois de suite 1 élargissure et 5 mailles ordinaires.................	8	40

	Elargis- sures	Mailles ordinaires
2° Faire 2 fois de suite 1 élargissure et 6 mailles ordinaires..................	2	12
Totaux...........	10	52

Ce qui porte le nombre de mailles à : 62

Faire ensuite 9 tours en mailles ordinaires de 62 mailles chacun.

4ᵉ Cylindre. — Moule de 0ᵐ015 même fil.

Faire 5 tours en mailles ordinaires de 62 mailles chacun................ » 62

5ᵉ Cylindre. — Moule de 0ᵐ015 fil à 6 brins, fort.

Faire 2 tours en mailles ordinaires de 62 mailles chacun, mais avec du fil à 6 brins, ces deux tours étant destinés à porter le cercle en fer de la circonférence du filet..................... » 62

Ce filet ainsi terminé aura 44 centimètres de diamètres et il sera composé de : Une nappe carrée et 5 cylindres, formant 48 tours, comprenant eux-mêmes 1892 mailles et, on le complètera d'un cercle en fer et des ficelles de suspension de la manière suivante:

Manière de monter une balance.

Le cercle destiné à porter la circonférence du filet doit être fait en fort fil de fer de 5 à 6 millimètres de diamètre.

On peut aussi faire ce cercle, en bois, mais alors on est obligé, pour maintenir le filet au fond de l'eau, de le lester de pierres, ce qui présente un fâcheux inconvénient, en ce sens que les pierres se déplacent, ce qui permet aux écrevisses de passer facilement sous le filet et de manger l'appât sans se faire prendre.

L'assemblage du cercle en fer se fait à double biseau A (fig. 53), pour permettre d'enfiler toutes les mailles de la circonférence en écartant les biseaux.

Le filet étant monté sur son cercle, on attache à chaque tiers de la circonférence de ce cercle, en B, B,B, (fig. 53), une ficelle de 40 à 50 centimètres de longueur puis on réunit ces trois ficelles ensemble, par leurs extrémités et on les noue en C, à une 4ᵉ ficelle de 1ᵐ50 environ, qui est elle-même attachée, par un nœud coulant, à l'extrémité D, d'une baguette en bois, de la grosseur du doigt, et dont l'extrémité opposée E, sera taillée en pointe afin de pouvoir être facilement et horizontalement enfoncée dans le sol de la rive où l'on pêche.

On noue ensuite, à une maille du centre du filet,

en F, une petite ficelle dont les deux bouts, de 25 centimètres environ chacun, serviront à maintenir fortement serré, l'appât choisi pour attirer les écrevisses.

Il est bien entendu que la longueur de 1^{m}50 que nous donnons à la ficelle de suspension n'est pas irrévocable et qu'elle doit être augmentée suivant la profondeur de l'eau dans laquelle on est appelé à pêcher.

De la pêche à la balance.

La pêche aux écrevisses se fait, le plus favorablement, depuis le mois de juin jusqu'aux premières gelées et pendant trois ou quatre heures après le coucher du soleil, car c'est plutôt la nuit, que l'écrevisse sort des trous qu'elle se creuse dans les berges et qu'elle quitte peu dans la journée.

Il faut, pour pêcher fructueusement avec la balance, en tendre une quinzaine à la fois, en les distançant de 10 à 12 mètres, l'une de l'autre, en ayant soin que le cercle de fer repose à plat sur le fond et de piquer, en terre, la baguette, de manière que la corde de suspension et les cordelettes soient légèrement tendues.

On emploie, comme appât, de la viande putréfiée ou de la viande fraîche légèrement frottée avec de l'as-

sa fétida mais, ce qui est préférable et qui nous a toujours réussi, c'est un morceau de morue ou de ha-
reng-saur.

Du Verveux

Le verveux est un filet cylindrique de la classe
des filets sédentaires et dans l'intérieur duquel il
existe un ou deux goulets empêchant le poisson d'en
sortir lorsqu'il y est entré. Le *verveux* à un seul
goulet étant très peu employé parce qu'il pêche mal,
nous n'en parlerons pas et nous ne traiterons que du
verveux à deux goulets ; l'amateur qui d'ailleurs,
saura faire un de ces filets à deux goulets pourra,
s'il le désire, le faire aussi facilement avec un seul
goulet.

Le verveux est composé de plusieurs parties ap-
pelées : (fig, 59) BC, *l'entrée* ; CD, *le corps de tête* ;
DL *le corps de queue* ; LA, *la queue* ; E, *le goulet de
tête* ; I, *le goulet de queue* ; QQQ, *les cerceaux* passant dans des mailles faites en plus gros fil que celui
dont on se sera servi pour tisser les autres parties
du filet et lesquels cerceaux servent à maintenir le
Verveux dans sa forme cylindrique.

Nous allons indiquer la manière de fabriquer ce
genre de filet sur trois types, à des mailles de différentes grandeurs, ainsi que le *vervotin* ou petit verveux employé pour la pêche des écrevisses puis, nous

indiquerons ensuite comment on devra monter les verveux et vervotins et les tendre dans les endroits où ils seront le plus généralement placés, en rivière, pour y prendre du poisson.

Nota : Les figures représentant les divers verveux et le vervotin sont dessinées en traits simples pour bien faire remarquer toutes les parties dont sont composés ces filets.

TYPE N° 1

Verveux à la maille de 0^m031

Nota : Avant de commencer le travail, l'ouvrier devra se reporter page 47 (filets cylindriques) pour se conformer à ce qui y est dit relativement à la réunion du fil courant avec celui de la navette, pour fermer cylindriquement *chaque tour fait* ; en outre, pour ne pas nous répéter, nous dirons que ce *verveux* se fabrique en fil à 3 brins très fin, excepté pour les tours de mailles qui doivent recevoir les cerceaux et qui seront faits en fil à 6 brins.

<table>
<tr><td></td><td>Elargissures</td><td>Mailles ordinaires</td></tr>
</table>

1er Cylindre. — moule de 0^m031.

Commencer le filet sur 24 mailles, en se conformant à ce qui a été dit page 47 (filets cylindriques) c'est-à-dire qu'on devra faire 23 mailles sur le moule, la

	Élargis- sures	Mailles ordinaires
24° se trouvant formée par la réunion du fil courant du commencement du filet avec le fil de la navette.........	»	24
Faire ensuite 3 tours en mailles ordinaires et à chaque tour...............	»	24

2ᵉ **Cylindre.** — Même moule.

1ᵉʳ Tour.

1° Faire 5 mailles ordinaires..........	»	5
2° Faire 5 fois de suite 1 élargissure et 3 mailles ordinaires, ce qui donne......	5	15
3° Faire 4 mailles ordinaires..........	»	4
Totaux............	5	24

Ce qui porte le nombre de mailles à : 29

Faire ensuite 3 tours en mailles ordinaires.

3ᵉ **Cylindre.** — Même moule.

1ᵉʳ Tour.

1° Faire 5 mailles ordinaires..........	»	5
2° Faire 5 fois de suite 1 élargissure et 4 mailles ordinaires, ce qui donne......	5	20
3° Faire 4 mailles ordinaires..........	»	4
Totaux............	5	29

Ce qui porte le nombre de mailles à : 34

Faire ensuite 3 tours en mailles ordinaires

	Élargis- sures	Mailles ordinaires

4e Cylindre. — Même moule.

1er Tour.

1o Faire 5 mailles ordinaires.......... » 5

2o Faire 5 fois de suite 1 élargissure et 5
mailles ordinaires, ce qui donne..... 5 25

3o Faire 4 mailles ordinaires.......... » 4

Totaux............ 5 34

Ce qui porte le nombre de mailles à : 39
Faire ensuite 3 tours en mailles ordinaires.

5e Cylindre. — Même moule.

1er Tour.

1o Faire 5 mailles ordinaires.......... » 5

2o Faire 5 fois de suite 1 élargissure et 6
mailles ordinaires, ce qui donne..... 5 30

Faire 4 mailles ordinaires............ » 4

Totaux............ 5 39

Ce qui porte le nombre de mailles à 44
Faire ensuite 3 tours en mailles ordinaires.

Ces 20 tours faits formeront la partie du
verveux appelée queue, LA (fig. 59).

6e Cylindre. — Même moule.

Faire 2 tours *en fil à 6 brins*, pour recevoir un cerceau et à chaque tour..... » 44

7e Cylindre. — Même moule.

Faire 20 tours en mailles ordinaires et à
chaque tour .... » 44

	Étré-cissures	Mailles ordinaires

8e Cylindre. — Même moule.

Faire 2 tours *en fil à 6 brins*, pour recevoir un cerceau et à chaque tour..... » 44

9e Cylindre. — Même moule.

Faire 20 tours en mailles ordinaires et à
chaque tour...................... » 44

10e Cylindre. — Même moule.

Faire 2 tours *en fil à 6 brins*, pour recevoir un cerceau, et à chaque tour..... » 44

Ces 46 tours faits (du 6e au 10e cylindre
inclus) formeront la partie du verveux appe-
lée corps de queue, entre les trois cerceaux,
de D à L (fig. 59), et dans lequel rentrera le
goulet de queue.

11e Cylindre. — Même moule.

Faire 4 tours en mailles ordinaires et à
chaque tour .... » 44

12e Cylindre. — Même moule.

1er *Tour*.

1º Faire 5 mailles ordinaires,.......... » 5
2º Faire 5 fois de suite 1 étrécissure et
5 mailles ordinaires, ce qui donne... 5 25
3º faire 4 mailles ordinaire........... » 4

Totaux........ 5 34

Ce qui porte le nombre de mailles à : 39

Faire ensuite 3 tours en mailles ordinaires.

	Étré- cissures	Mailles ordinaires

13ᵉ Cylindre. — Même moule.

1ᵉʳ *Tour*.

1⁰ Faire 5 mailles ordinaires..........	»	5
2⁰ Faire 5 fois de suite 1 étrécissure et 4 mailles ordinaires, ce qui donne.....	5	20
3⁰ Faire 4 mailles ordinaires..........	»	4
Totaux........	5	29

Ce qui porte le nombre de mailles à : 34

Faire ensuite 3 tours en mailles ordinaires.

14ᵉ Cylindre. — Même moule.

1ᵉʳ *Tour*.

1⁰ Faire 5 mailles ordinaires..........	»	5
2⁰ Faire 5 fois de suite 1 étrécissure et 3 mailles ordinaires, ce qui donne.....	5	15
3⁰ Faire 4 mailles ordinaires..........	»	4
Totaux........	5	24

Ce qui porte le nombre de mailles à : 29

Faire ensuite 3 tours en mailles or-
naires.

15ᵉ Cylindre. — Même moule.

1ᵉʳ *Tour*.

1⁰ Faire 5 mailles ordinaires..........	»	5
2⁰ Faire 5 fois de suite 1 étrécissure et 2 mailles ordinaires, ce qui donne.....	5	10
3⁰ Faire 4 mailles ordinaires..........	,	4
Totaux........	5	19

Ce qui porte le nombre de mailles à : 24

	Étré- cissures	Mailles ordinaires

Faire ensuite 3 tours en mailles ordinaires.

16e Cylindre. — Moule de 0^m,04.

Faire 1 tour *en faisant deux évolutions
autour du moule*, pour obtenir des
mailles du double de la circonférence
du moule de 0^m,04, soit donc de 0^m,08,
auxquelles mailles seront attachées les
cordelettes en I (fig. 59) qui réunissent
le goulet de queue, à la queue du ver-
veux et sur ce tour................   »   **24**

Ces 21 tours faits (du 11e au 16e cylindre inclus), formeront la partie du ver-
veux appelée goulet de queue (I,
fig. 59).

17_e Cylindre. — Moule de 0^m,031.

Reprendre au dernier tour en fil à 6
brins, avant le goulet (en D, fig. 59)
en rattachant le fil de la navette à n'importe quelle maille de la circonférence
et faire 20 tours en mailles ordinaires,
et à chaque tour................   »   **44**

18e Cylindre. — Même moule.

Faire 2 tours *en fil à 6 brins* pour recevoir un cerceau et à chaque tour....   »   **44**

19e Cylindre. — Même moule.

Faire 20 tours en mailles ordinaires et à
chaque tour........................   »   **44**

	Étré-cissures	Mailles ordinaires

20e Cylindre. — Même moule.

Faire 2 tours en fil à 6 brins, pour recevoir un cerceau et à chaque tour..... » 44

Ces 44 tours faits (du 17e au 20e cylindre inclus), formeront la partie du verveux appelé corps de tête, entre les 3 cerceaux (de C à D, fig. 59) et dans lequel rentrera le goulet de tête.

21e Cylindre. — Même moule.

Faire 4 tours en mailles ordinaires et à chaque tour........................ » 44

22e Cylindre. — Même moule.

1er Tour.

1º Faire 5 mailles ordinaires........... » 5

2º Faire 5 fois de suite 1 étrécissure et 5 mailles ordinaires, ce qui donnne.,... 5 25

3º Faire 4 mailles ordinaires.......... » 4

Totaux........ 5 34

39

Ce qui porte le nombre de mailles à : Faire ensuite 3 tours, en mailles ordinaires.

23e Cylindre. — Même moule.

1er Tour.

1º Faire 5 mailles ordinaires.......... » 5

2º Faire 5 fois de suite 1 étrécissure et 4 mailles ordinaires, ce qui donne..... 5 20

	Etré-cissures	Mailles ordinaires
3° Faire 4 mailles ordinaires..........	»	4
Totaux........	5	29
Ce qui porte le nombre de mailles à :		34

Faire ensuite 3 tours en mailles ordinaires

24ᵉ Cylindre. — Même moule.

1ᵉʳ Tour.

1° Faire 5 mailles ordinaires..........	»	5
2° Faire 5 fois de suite 1 étrécissure et 3 mailles ordinaires, ce qui donne....	5	15
3° Faire 4 mailles ordinaires..........	»	4
Totaux........	5	24
Ce qui porte le nombre de mailles à :		29

Faire ensuite 3 tours en mailles ordinaires.

25ᵉ Cylindre. — Même moule.

1ᵉʳ Tour.

1° Faire 5 mailles ordinaires..........	»	5
2° Faire 5 fois de suite 1 étrécissure et 2 mailles ordinaires, ce qui donne.....	5	10
3° Faire 4 mailles ordinaires..........	»	4
Totaux........	5	19
Ce qui porte le nombre de mailles à :		24

Faire ensuite 3 tours en mailles ordinaires.

26ᵉ Cylindre. — Moule de 0ᵐ,04.

Faire 1 tour en faisant deux évolutions

	Elar- gissures	Mailles ordinaires

autour du moule, pour obtenir des
mailles du double de la circonférence
du moule de 0m,04, soit donc de 0m,08,
auxquelles mailles seront attachées
les cordelettes en E (fig. 59) qui réunissent le goulet de tête au premier cerceau du corps de queue (en D, fig. 59)
et sur ce tour...................... » 24

Ces 21 tours faits (du 21e au 26e cylindre
inclus) formeront la partie du verveux
appelée goulet de tête (E, fig. 59).

27e Cylindre. — Moule de 0m,031.

Reprendre au dernier tour en fil à 6 brins
avant le goulet (en C, fig. 59), en rattachant le fil de la navette à n'importe
quelle maille de la circonférence et
faire 3 tours en mailles ordinaires et
à chaque tour...................... » 44

28e Cylindre. — Même moule.

1er Tour.

1° Faire 1 maille ordinaire........... » 1
2° Faire 7 fois de suite 1 élargissure et 6
mailles ordinaires, ce qui donne..... 7 42
3° Faire 1 maille ordinaire............ » 1

Totaux........ 7 44

Ce qui porte le nombre de mailles à. 51
Faire ensuite 4 tours en maillrs ordinaires.

	Elargis- sures	Mailles ordinaires

29ᵉ Cylindre. — Moule de 0ᵐ,036.

Faire 3 tours en mailles ordinaires et à chaque tour.......................... »   51

30ᵉ Cylindre. — Même moule.

1ᵉʳ *Tour.*

1° Faire 1 maille ordinaire........... »   1

2° Faire 7 fois de suite 1 élargissure et 7 mailles ordinaires, ce qui donne...... 7   49

3° Faire 1 maille ordinaire............ »   1

Totaux........ 7   51

Ce qui porte le nombre de mailles à.   58

Faire ensuite 4 tours en mailles ordinaire.

31ᵉ Cylindre. — Moule de 0ᵐ,04.

Faire 3 tours en mailles ordinaires et à chaque tour....................... »   58

32ᵉ Cylindre. — Même moule.

1ᵉʳ *Tour.*

1° Faire 2 mailles ordinaires.......... »   2

2° Faire 6 fois de suite 1 élargissure et 9 mailles ordinaires, ce qui donne...... 6   54

2° Faire 2 mailles ordinaires.......... »   2

Totaux........ 6   58

Ce qui porte le nombre de mailles à.   64

Faire ensuite 8 tours en mailles ordinaires.

Élargis- Mailles
suaes ordinaires

33ᵉ Cylindre. — Même moule.

Faire 2 tours *en fils à 6 brins*, pour recevoir le cerceau d'entrée et à chaque
tour .... » 64

Ces 30 tours faits (du 27ᵉ au 33ᵉ cylindre inclus).
formeront la partie du verveux appelée : entrée (de
B à C, fig. 59), et qui aura 1ᵐ,75 environ de diamètre.

On enlève ensuite le fil sur lequel on a commencé
le filet, on fait glisser les nœuds des mailles du premier tour et on ferme le verveux sur ce point (à la
queue) en faisant un tour en fil ordinaire à 3 brins
mais doublé, au moule de 0ᵐ,04. et en prenant deux
mailles à la fois, avec la navette, pour diminuer le
nombre de mailles de moitié, soit donc, puisque nous
avons commencé le verveux sur 24 mailles, le fermer par 12 mailles. C'est dans ce dernier tour de 12
mailles que sera attachée la corde de la queue du
verveux.

Ce filet, ainsi terminé, sera composé de 33 cylindres formant 183 tours et comprenant eux-mêmes
7708 mailles ; on le complètera des cordelettes de
goulets, des cerceaux et de la corde de queue, ainsi
qu'il est dit page 227, à l'art. *Monter les verveux.*

TYPE N° 2.

Verveux à la maille de 0^m^,027.

Avant de commencer le travail, se reporter à ce qui est dit au Nota ; du verveux type n° 1, page 191, et, comme dans le verveux n° 1, pour ne pas nous répéter à chaque cylindre, nous dirons que ce verveux se fait en fil à 3 brins, très fin, excepté pour les tours de mailles qui doivent recevoir les cerceaux et qui se feront en tours à 6 brins.

	Elargis- sures	Mailles ordinaires
1er Cylindre. — Moule de 0^m^,027.		
Commencer le filet sur 24 mailles, en se conformant à ce qui est dit page 47, (filets cylindriques) c'est-à-dire qu'on devra faire 23 mailles sur le moule, la 24e se trouvant formée par la réunion du fil courant du commencement du filet avec le fil de la navette, soit donc pour ce premier tour..........	»	24
Faire ensuite 1 tour en mailles ordinaires.		
2e Cylindre. — Même moule.		
1er *Tour.*		
1° Faire 3 mailles ordinaires..........	»	3
2° Faire 6 fois de suite 1 élargissure et 3 mailles ordinaires ce qui donne......	6	18

	Elargis- sures	Mailles ordinaires
3° Faire 3 mailles ordinaires...........	»	3
Totaux........	6	24

Ce qui porte le nombre de mailles à : 30

Faire ensuite 3 tours en mailles ordinaires.

3° **Cylindre**. — Même moule.

1ᵉʳ *Tour*.

	Elargis- sures	Mailles ordinaires
1° Faire 3 maille ordinaires...........	»	3
2° Faire 6 fois de suite 1 élargissure et 4 mailles ordinaires, ce qui donne.....	6	24
3° Faire 3 mailles ordinaires..........	»	3
Totaux.........	6	30

Ce qui porte le nombre de mailles à : 36

Faire ensuite 3 tours en mailles ordinaires.

4° **Cylindre**. — Même moule.

1ᵉʳ *Tour*.

	Elargis- sures	Mailles ordinaires
1° Faire 3 mailles ordinaires...........	»	3
2° Faire 6 fois de suite 1 élargissure et 5 mailles ordinaires ce qui donne......	6	30
3° Faire 3 mailles ordinaires..........	»	3
Totaux........	6	42

Ce qui porte le nombre de mailles à : 48

Faire ensuite 3 tours en mailles ordinaires.

	Élargis- sures	Mailles ordinaires

5ᵉ Cylindre. — Même moule.

    1ᵉʳ *Tour*.

1° Faire 3 mailles ordinaires..........	»	3
2° Faire 6 fois de suite 1 élargissure et 6 mailles ordinaires, ce qui donne.....	6	36
3° Faire 3 mailles ordinaires..........	»	3
Totaux........	6	42

Ce qui porte le nombre de mailles à : **48**

Faire ensuite 3 tours en mailles ordinaires.

6ᵉ Cylindre. — Même moule.

    1ᵉʳ *Tour*.

1° Faire 3 mailles ordinaires..........	»	3
2° Faire 6 fois de suite 1 élargissure et 7 mailles ordinaires, ce qui donne.....	6	42
3° Faire 3 mailles ordinaires..........	»	3
Totaux........	6	48

Ce qui porte le nombre de mailles à : **54**

Faire ensuite 3 tours en mailles ordinaires.

7ᵉ Cylindre. — Même moule.

    1ᵉʳ *Tour*.

1ᵉ Faire 3 mailles ordinaires	»	3
2° Faire 6 fois de suite 1 élargissure et 8 mailles ordinaires, ce qui donne.....	6	48
3ᵉ Faire 3 mailles ordinaires..........	»	3
Totaux............	6	54

Ce qui porte le nombre de mailles à : **60**

	Etrécis-sures	Mailles ordinaires

Faire ensuite 3 tours en mailles ordinaires.

Ces 26 tours faits formeront la partie du
verveux appelée queue (L, A, fig. 59).

8ᵉ Cylindre. — Même moule.

Faire 2 tours *en fil à 6 brins* pour recevoir un cerceau et à chaque tour..... » 60

9ᵉ Cylindre. — Même moule.

Faire 26 tours en mailles ordinaires et à
chaque tour...................... » 60

10ᵉ Cylindre. — Même moule.

Faire 2 tours *en fil à 6 brins* pour recevoir
un cerceau et à chaque tour......... » 60

11ᵉ Cylindre. — Même moule.

Faire 26 tours en mailles ordinaires et à
chaque tour...................... » 60

12ᵉ Cylindre. — Même moule.

Faire 2 tours *en fil à 6 brins* pour recevoir
un cerceau et à chaque tour......... » 60

Ces 58 tours faits (du 8ᵉ au 12ᵉ cylindre
inclus) formeront la partie du verveux
appelée corps de queue, entre les trois
cerceaux de D à L (fig. 59), et dans lequel rentrera le goulet de queue.

	Étrécis-sures	Mailles ordinaires

13ᵉ Cylindre. — Même moule.

Faire 2 tours en mailles ordinaires et à chaque tour.......................... »   60

14ᵉ Cylindre. — Même moule.

1ᵉʳ Tour.

1⁰ Faire 3 mailles ordinaires........... »   60

2⁰ Faire 6 fois de suite 1 étrécissure et 7 mailles ordinaires, ce qui donne 6   42

3⁰ Faire 3 mailles ordinaires.......... »   3

          Totaux.......... 6   48

Ce qui porte le nombre de mailles à :   54

Faire ensuite 5 tours en mailles ordinaires.

15ᵉ Cylindre. — Même moule.

1ᵉʳ Tour.

1⁰ Faire 3 mailles ordinaires........... »   3

2⁰ Faire 6 fois de suite 1 étrécissure et 6 mailles ordinaires, ce qui donne..... 6   36

3⁰ Faire 3 mailles ordinaires.......... »   3

          Totaux.......... 6   42

Ce qui porte le nombre de mailles à :   48

Faire ensuite 3 tours en mailles ordinaires.

16ᵉ Cylindre. — Même moule.

1ᵉʳ Tour.

1⁰ Faire 3 mailles ordinaires.......... »   3

2⁰ Faire 6 fois de suite 1 étrécissure et 5

	Étrécis-sures	Mailles ordinaires
mailles ordinaires, ce qui donne.....	6	30
3° Faire 3 mailles ordinaires..........	»	3
Totaux..........	6	36

Ce qui porte le nombre de mailles à : 42

Faire ensuite 3 tours en mailles or-dinaires.

17° Cylindre — Même moule.

1er *Tour*.

	Étrécis-sures	Mailles ordinaires
1° Faire 3 mailles ordinaires	»	3
2° Faire 6 fois de suite 1 étrécissure et 4 mailles ordinaires.................	6	24
3° Faire 3 mailles ordinaires.........	»	3
Totaux.........	6	30

Ce qui porte le nombre de mailles à : 36

Faire ensuite 3 tours en mailles ordi-naires.

18e Cylindre. — Même moule.

1er *Tour*.

	Étrécis-sures	Mailles ordinaires
1° Faire 3 mailles...................	»	3
2° Faire 6 fois de suite 1 étrécissure et 3 mailles ordinaires, ce qui donne....	6	18
3° Faire 3 mailles ordinaires	»	3
Totaux..........	6	24

Ce qui porte le nombre de mailles à : 30

Faire ensuite 3 tours en mailles ordi-naires.

	Étrécis- sures	Mailles ordinaires

19ᵉ Cylindre. — Même moule.

1ᵉʳ Tour.

	Étrécis-sures	Mailles ordinaires
1° Faire 2 mailles ordinaires	»	2
2° Faire 7 fois de suite 1 étrécissure et **2** mailles ordinaires ce qui donne......	7	14
3° Faire 1 étrécissure et 4 mailles ordinaires, ce qui donne...............	1	4
Totaux..........	8	20

Ce qui porte le nombre de mailles à :   28

Faire ensuite 2 tours en mailles ordinaires.

20ᵉ Cylindre. — Moule de 0ᵐ,04.

Faire 1 tour *en faisant deux évolutions autour du moule,* pour obtenir des mailles du double de la circonférence du moule de 0ᵐ,04, soit donc de 0ᵐ,08 auxquelles mailles seront attachées les cordelettes en I (fig. 59) qui réunissent le goulet de queue à la queue du verveux et sur ce tour................   »   28

Ces 27 tours faits (du 13ᵉ au 20ᵉ cylindre inclus) formeront la partie du verveux appelée goulet de queue (I, fig. 59).

21ᵉ Cylindre. — Moule de 0ᵐ,027.

Reprendre au dernier tour en fil à 6 brins avant le goulet (en D, fig. 59)en rattachant le fil de la navette à n'importe quelle maille de la circonférence

	Etrécis- sures	Mailles ordinaires
et faire 26 tours en mailles ordinaires et à chaque tour	»	60

22ᵉ Cylindre. — Même moule.

Faire 2 tours *en fil à 5 brins* pour rece-
voir un cerceau et à chaque tour. . . . . | » | 60

23ᵉ Cylindre. — Même moule.

Faire 26 tours en mailles ordinaires et à
chaque tour. . . . . | » | 60

24ᵉ Cylindre. — Même moule.

Faire deux tours *en fil à 6 brins* pour re-
cevoir un cerceau et à chaque tour. . . . | » | 60

Ces 56 tours faits (du 21ᵉ au 29ᵉ cylindre
inclus) formeront la partie du verveux
apppelée corps de tête, entre les trois
cerceaux (de C à D, fig. 59), et dans lequel rentrera le goulet de tête.

Faire le goulet de tête en copiant exactement le goulet de queue (du 13ᵉ au 20ₑ
cylindre inclus). Ce goulet, comme celui
de queue, comprendra huit cylindres,
ce qui nous reporte ci-dessous au :

33ᵉ Cylindre. — Moule de 0ᵐ027.

Reprendre au dernier tour en fil à 6 brins
avant le goulet, (en C fig. 59) en rattachant
le fil de la navette à n'importe quelle maille
de la circonférence et faire 6 tours en mailles
ordinaires et à chaque tour. . . . . | » | 60

	Étrécis-sures	Mailles ordinaires
34ᵉ Cylindre. — Moule de 0ᵐ034. Faire 6 tours en mailles ordinaires et à chaque tour....................	»	60
35ᵉ Cylindre. — Moule de 0ᵐ036. Faire 6 tours en mailles ordinaires et à chaque tour....................	»	60
36ᵉ Cylindre. — Moule de 0ᵐ04. Faire 12 tours en mailles ordinaires et à chaque tour....................	»	60
37ᵉ Cylindre. — Même moule. Faire 2 tours *en fil à 6 brins* pour recevoir le cerceau d'entrée et à chaque tour..	»	60

Ces 32 tours faits du (33ᵉ au 37ᵉ cylindre inclus) formeront la partie du verveux appelée : Entrée (de B à C, fig. 59) et qui aura 1m.65 environ de diamètre.

On enlève ensuite le fil sur lequel on a commencé le filet, on fait glisser les nœuds des mailles du premier tour et on ferme le verveux, sur ce point, (à la queue) en faisant un tour en fil ordinaire à 3 brins *mais doublé,* au moule de 0m.04 et en prenant deux mailles à la fois avec la navette pour diminuer le nombre de mailles soit donc, puisque nous avons commencé le verveux sur 24 mailles, le fermer par 12 mailles. C'est dans ce dernier tour de 12 mailles que sera attachée la corde de la queue du verveux.

Ce filet ainsi terminé, sera composé de 37 cylindres, formant 226 tours, comprenant eux-mêmes 12,088 mailles ; on le complètera des cordelettes de goulets, des cerceaux et de la corde de queue, ainsi qu'il est dit page 227 à l'art : *monter les verveux*.

Type N° 3.

Verveux à la maille de : 0m.015.

Avant de commencer le travail se reporter à ce qui est dit au *nota*: du verveux type n° 1, page 191 et. pour ne pas nous répéter à chaque cylindre, nous dirons que ce verveux se fait en fil à 3 brins, très fin, excepté pour les tours de mailles qui doivent recevoir les cerceaux et qui se feront en fil à 6 brins.

	Élargissures	Mailles ordinaires
1er Cylindre. — Moule de 0m015.		
Commencer le filet sur 28 mailles, en se conformant à ce qui est dit page 47 (filets cylindriques) c'est-à-dire qu'on devra faire 27 mailles sur le moule, la 28e se trouvant formée par la réunion du fil courant du commencement du filet avec le fil de la navette, soit donc pour ce premier tour............	»	28

Faire ensuite 4 tours en mailles ordinaires.

	Elargis- sures	Mailles ordinaires

2ᵉ Cylindre. — Même moule.

1ᵉʳ Tour.

1° Faire 2 mailles ordinaires..........	»	2
2° Faire 6 fois de suite 1 élargissure et 4 mailles ordinaires. ce qui donne.....	6	24
3° Faire 2 mailles ordinaires..........	»	2
Totaux.................	6	28

Ce qui porte le nombre de mailles à : 34

Faire ensuite 4 tours de mailles ordinaires.

3ᵉ Cylindre. — Même moule.

1ᵉʳ Tour.

1° Faire 2 mailles ordinaires...........	»	2
2° Faire 6 fois de suite 1 élargissure et 5 mailles ordinaires, ce qui donne.....	6	30
3° Faire 2 mailles ordinaires...... ...	»	2
Totaux.................	6	34

Ce qui porte le nombre de mailles à : 40

Faire ensuite 4 tours en mailles ordinaires.

4ᵉ Cylindre. — Même moule.

1ᵉʳ Tour.

1° Faire 2 mailles ordinaires..........	»	2
2° Faire 6 fois de suite 1 élargissure et 6 mailles ordinaires, ce qui donne.....	6	36
3° Faire 2 mailles ordinaires	»	2
Totaux.................	6	40

Ce qui porte le nombre de mailles à : 46

	Élargis- sures	Mailles ordinaires

Faire ensuite 4 tours en mailles ordinaires.

5e Cylindre. — Même moule.

1er Tour.

1° Faire 2 mailles ordinaires..........	»	2
2° Faire 6 fois de suite 1 élargissure et 7 mailles ordinaires, ce qui donne.....	6	42
3° Faire 2 mailles ordinaires	»	2
Totaux...................	6	46

Ce qui porte le nombre de mailles à : 52

Faire ensuite 4 tours en mailles ordinaires.

6e Cylindre. Même moule.

1er Tour.

1° Faire 2 mailles ordinaires..........	»	2
2° Faire 6 fois de suite 1 élargissure et 8 mailles ordinaires, ce qui donne.....	6	48
3° Faire 2 mailles ordinaires..........	»	2
Totaux...................	6	52

Ce qui porte le nombre de mailles à : 58

Faire ensuite 4 tours en mailles ordinaires.

Ces 30 tours faits, formeront la partie du
verveux appelée queue (LA, fig. 59).

7e Cylindre. — Même moule.

Faire 2 tours *en fil à 6 brins*, pour rece-voir un cerceau à chaque tour.......	»	58

	Élargis- sures	Mailles ordinaires

8e Cylindre. — Même moule.

Faire 30 tours en mailles ordinaires,et à
chaque tour........................ » 58

9e Cylindre. — Même moule.

Faire 2 tours *en fil à 6 brins*, pour recevoir un cerceau, et à chaque tour.... » 58

10e Cylindre. — Même moule.

Faire 30 tours en mailles ordinaires, et
à chaque tour..................... » 58

11e Cylindre. — Même moule.

Faire 2 tours *en fil à 6 brins* pour recevoir un cerceau, et à chaque tour.... » 58

Ces 66 tours faits (du 7e au 11e cylindre
inclus) formeront la partie du verveux appelée : corps de queue,entre les 3 cerceaux, de
D à L, (fig. 59), et dans lequel rentrera le
goulet de queue........................

12e Cylindre. — Même moule.

Faire 5 tours en mailles ordinaires,et à
chaque tour........................ » 58

	Étrécis- sures	Mailles ordinaires

13e Cylindre. — Même moule.

1er Tour.

1° Faire 2 mailles ordinaires............ » 2

2° Faire 6 fois de suite 1 étrécissure et 7
mailles ordinaires,ce qui donne...... 6 42

	Étrécis- sures	Mailles ordinaires
3° Faire 2 mailles ordinaires..........	»	2
Totaux...................	6	46

Ce qui porte le nombre de mailles à : 52

Faire ensuite 4 tours en mailles ordinaires.

14ᵉ Cylindre. — Même moule.

1ᵉʳ Tour.

	Étrécis- sures	Mailles ordinaires
1° Faire 2 mailles ordinaires..........	»	2
2° Faire 6 fois de suite 1 étrécissure et 6 mailles ordinaires, ce qui donne.....	6	36
3° Faire 2 mailles ordinaires..........	»	2
Totaux...................	6	40

Ce qui porte le nombre de mailles à : 46

Faire ensuite 4 tours en mailles ordinaires.

15ᵉ Cylindre. Même moule.

1ᵉʳ Tour.

	Étrécis- sures	Mailles ordinaires
1° Faire 2 mailles ordinaires..........	»	2
2° Faire 6 fois de suite 1 étrécissure et 5 mailles ordinaires, ce qui donne.....	6	30
3° Faires 2 mailles ordinaires	»	2
Totaux...................	6	34

Ce qui porte le nombre de mailles à : 40

Faire ensuite 4 tours en mailles ordinaires.

<table>
<tr><td></td><td>Etrécis-
sures</td><td>Mailles
ordinaires</td></tr>
</table>

16e Cylindre. — Même moule.

1er Tour.

	Etrécissures	Mailles ordinaires
1° Faire 2 mailles ordinaires..........	»	2
2° Faire 6 fois de suite 1 étrécissure et 4 mailles ordinaires, ce qui donne.....	6	24
3° Faire 2 mailles ordinaires..........	»	2
Totaux....................	6	28

Ce qui porte le nombre de mailles à : 34

Faire ensuite 4 tours en mailles ordinaires.

17e Cylindre. — Même moule.

1er Tour

	Etrécissures	Mailles ordinaires
1° Faire 2 mailles ordinaires..........	»	2
2° Faire 6 fois de suite 1 étrécissure et 3 mailles ordinaires, ce qui donne.....	6	18
3° Faire 2 mailles ordinaires..........	»	2
Totaux....................	6	22

Ce qui porte le nombre de mailles à 28

Faire ensuite 4 tours en mailles ordinaires.

18e Cylindre. — Moule de 0m04.

Faire 1 tour *en faisant deux évolutions autour
du moule*, pour obtenir des mailles du double
de 0m04, soit donc de 0m08, auxquelles mailles seront attachées les cordelettes qui réunissent le goulet de queue à la queue du verveux et sur ce tour.......................... » 28

	Etrécis-sures	Mailles ordinaires

Ces 30 tours terminés (du 12e au 18e cylindre inclus formeront la partie du verveux appelée goulet de queue I fig. 59).

19e Cylindre. Moule de 0ᵐ,015.

Reprendre au dernier tour en fil à 6 brins, avant le goulet (en D fig. 59) en rattachant le fil de la navette à n'importe quelle maille de la circonférence et faire 30 tours en mailles ordinaires et à chaque tour............ » 58

20e Cylindre. — Même moule.

Faire 2 tours *en fil à 6 brins,* pour recevoir un cerceau et à chaque tour...... » 58

21e Cylindre. — Même moule.

Faire 30 tours en mailles ordinaires et à chaque tour...................... » 58

22e Cylindre. — Même moule.

Faire 2 tours *en fil à 6 brins,* pour recevoir un cerceau et à chaque tour..... » 58

Ces 64 tours faits (du 1er au 22e cylindre inclus) formeront la partie du verveux appelée corps de tête, entre les trois cerceaux (de C à D, fig. 59) et dans lequel rentrera le goulet de tête.

Faire le goulet de tête en copiant exactement le goulet de queue, du 12e au 18e cylindre inclus. — Ce goulet, comme celui de queue. comprendra sept cylindres, ce qui nous reporte ci-dessous au :

30e Cylindre. — Moule de 0m015.

Reprendre au dernier tour en fil à 6 brins, avant le goulet (en C, fig. 59), en rattachant le fil de la navette à n'importe quelle maille de la circonférence et faire 6 tours en mailles ordinaires et à chaque tour............   »   58

31e Cylindre. — Moule de 0m02.

Faire 4 tours en mailles ordinaires et à chaque tour.......................   »   58

32e Cylindre. — Moule de 0m031.

Faire 4 tours en mailles ordinaires et à chaque tour.......................   »   58

33e Cylindre. — Moule de 0m036.

Faire 4 tours en mailles ordinaires et à chaque tour.......................   »   ·   58

34e Cylindre. — Moule de 0m04.

Faire 12 tours en mailles ordinaires et à chaque tour.......................   ▸   58

35e Cylindre. — Moule de 0m04.

Faire 2 tours en fil à 6 brins, pour recevoir le cerceau d'entrée et à chaque tour......... ....   ▸   58

Ces trente deux tours faits (du 30ᵉ au 35ᵉ cylindre
inclus) formeront la partie du verveux appelée : En-
trée(de B à C fig. 59) et qui aura 1m.00 environ, de
diamètre.

On enlève ensuite le fil sur lequel on a commencé
le filet,on fait glisser les nœuds des mailles du premier tour et on ferme le verveux,sur ce point,(à la
queue) en faisant 1 tour en fil à 3 brins *mais doublé*,
au moule de 0m.04 et en prenant deux mailles à la
fois, avec la navette, pour diminuer le nombre de
mailles de moitié soit donc puisque nous avons commencé ce verveux sur 28 mailles, le fermer par 14
mailles. C'est dans ce dernier tour de 14 mailles que
sera attachée la corde de la queue du verveux.

Ce filet ainsi terminé sera composé de 35 cylindres, formant 254 tours, comprenant eux-mêmes
13,322 mailles ; on le complètera des cordelettes des
goulets, des cerceaux et de la corde de queue,ainsi
qu'il est dit page 227 à l'art : *monter les verveux.*

L'entrée de ce verveux ne se fait jamais plus
grande parce que sa maille n'étant que de 0m.015,il
se charge beaucoup d'herbes, de chevelus de racines et d'autres détritus charriés par les eaux et que
si on donnait à l'entrée une plus grande circonférence il ne pourrait résister et serait promptement
brisé. On se sert aussi de ce type de verveux pour
pêcher l'anguille, dans les grands fonds, mais alors
l'entrée du filet se monte sur un demi-cerceau avec

un diamètre en corde se rattachant aux extrémités du cerceau comme dans la fig. 58 page 231.

Petit verveux dit vervotin pour pêcher l'écrevisse à la maille de 0m.015.

Avant de commencer le travail, se reporter à ce qui est dit au *nota*: du verveux, type n° 1, page 191. Le vervotin, se fait, en entier, en fil à 3 brins, très fin, excepté pour les tours de mailles qui doivent recevoir les cerceaux et qui se feront en fil à 6 brins. Nous dirons aussi que le vervotin diffère des grands verveux en ce qu'il ne porte qu'un seul goulet.

	Elargis- sures	Mailles ordinaires
1er Cylindre. — Moule de 0·015.		

Commencer le filet sur 14 mailles, en se conformant à ce qui est dit page 47 (filets cylindriques) c'est-à-dire qu'on devra faire 13 mailles sur le moule, la 14e se trouvant formée par la réunion du fil courant du commencement du filet avec le fil de la navette, soit donc pour ce premier tour................

Faire ensuite 2 tours en mailles ordinaires.

donc pour ce premier tour	»	14

2e Cylindre. — Même moule.

1er Tour.

1° Faire 1 maille ordinaire	»	1
2° Faire 6 fois de suite 1 élargissure et 2 mailles ordinaires, ce qui donne.....	6	12

	Élargissures	Mailles ordinaires
3° Faire 1 maille ordinaire	»	1
Totaux....................	6	14
Ce qui porte le nombre de mailles à :		20

Faire ensuite 4 tours en mailles ordinaires.

3ᵉ Cylindre. — Même moule.

1ᵉʳ Tour.

	Élargissures	Mailles ordinaires
1° Faire 1 maille ordinaire...........	»	1
2° Faire 6 fois de suite 1 élargissure et 3 mailles ordinaires..................	6	18
3° Faire 1 maille ordinaire...........	»	1
Totaux....................	6	20
Ce qui porte le nombre de mailles à :		26

Faire ensuite 4 tours en mailles ordinaires.

4ᵉ Cylindre. — Même moule.

1ᵉʳ Tour.

	Élargissures	Mailles ordinaires
1° Faire 1 maille ordinaire	»	1
2° Faire 6 fois de suite une élrrgissure et 4 mailles ordinaires, ce qui donne...	6	24
3° Faire 1 maille ordinaire...........	»	1
Totaux.....................	6	26
Ce qui porte le nombre de mailles à		32

Faire ensuite 4 tours en mailles ordinaires.

Ces 18 tours faits formeront la partie du vervotin appelée queue (de C à D fig. 55).

Mailles
ordinaires

5ᵉ Cylindre. — Même moule.

    Faire 2 tours en fil à 6 brins pour rece-
voir un cerceau et à chaque tour.....   »   32

6ᵉ Cylindre. — Même moule.

    Faire 14 tours en mailles ordinaires et à
chaque tour. ....   »   32

7ᵉ Cylindre. — Même moule.

    Faire 2 tours en fil à 6 brins pour rece-
voir un cerceau et à chaque tour.....   »   32

8ᵉ Cylindre. — Même moule.

    Faire 14 tours en mailles ordinaires et à
chaque tour ....   »   32

9ᵉ Cylindre. — Même moule.

    Faire 2 tours en fil à 6 brins pour rece-
voir un cerceau et à chaque tour....   »   32

Ces 34 tours fait (du 5ᵉ au 9ᵉ cylindre inclus) formeront la partie du vervotin appelée corps entre les
trois cerceaux (de B à C fig. 55) et dans lequel rentrera le goulet.

Etréc's-   Mailles
sures   ordinaires

10ᵉ Cylindre. — Même moule.

    Faire 3 tours en mailles ordinaires ce
qui donne ....   »   32

	Etrécis- sures	Mailles ordinaires

11ᵉ Cylindre. — Même moule.

1ᵉʳ Tour.

1° Faire 1 maille ordinaire............	»	1
2° Faire 6 fois de suite 1 étrécissure et 3 mailles ordinaires, ce qui donne.....	6	18
3° Faire 1 maille ordinaire...........	»	1
Totaux....................	6	20

Ce qui porte le nombre de mailles à : 26

Faire ensuite 4 tours en mailles ordinaires.

12ᵉ Cylindre. — Même moule.

1ᵉʳ Tour.

1° Faire 1 maille ordinaire...........	»	1
2° Faire 6 fois de suite 1 étrécissure et 2 mailles ordinaires, ce qui donne.....	6	12
3° Faire 1 maille ordinaire...........	»	1
Totaux....................	6	14

Ce qui porte le nombre de mailles à : 20

Faire ensuite 4 tours en mailles ordinaires.

13ᵉ Cylindre. — Même moule.

1ᵉʳ Tour.

1° Faire 1 maille ordinaire...........	»	1
2° Faire 6 fois de suite 1 étrécissure et 1 maille ordinaire ce qui donne	6	6
3° Faire 1 maille ordinaire...........	»	1
Totaux........	6	8

Ce qui porte le nombre de mailles à : 14

Élargis-   Mailles
sures   ordinaires

Faire ensuite 4 tours en mailles ordinaires.

14ᵉ Cylindre. — Moule de 0ᵐ027.

Faire 1 tour en faisant 2 évolutions autour
du moule, pour obtenir des mailles du double de la circonférence du moule de 0ᵐ027
soit donc de 0ᵐ054, auxquelles mailles seront
attachées les cordelettes qui réunissent le
goulet à la queue du vervotin (en G, fig. 55)
et sur ce tour..............................   »   14

Ces 19 tours faits (du 10ᵉ au 14ᵉ cylindre inclus) formeront le goulet (en E, fig. 55).

15ᵉ Cylindre. — Moule de 0ᵐ,015.

Reprendre au dernier tour en fil à 6 brins,
avant le goulet (en B, fig. 55) en rattachant
le fil de la navette à n'importe quelle maille
de la circonférence et faire 3 tours en mailles
ordinaires et à chaque tour...............   »   32

16ᵉ Cylindre. — Même moule.

1ᵉʳ Tour.

1° Faire 2 mailles ordinaires..........   »   2
2° Faire 5 fois de suite 1 élargissure et 6
mailles ordinaires, ce qui donne....   5   30

Totaux....................   5   32

37

Ce qui porte le nombe de mailles à :
Faire ensuite 2 tours en mailles ordinaires.

	Elargis- sures	Mailles ordinaires

17e Cylindre. — Moule de 0ᵐ,02.

Faire 3 tours en mailles ordinaires, et à
chaque tour .... » 37

18e Cylindre. — Même moule.

1er Tour.

1° Faire 2 mailles ordinaires........... » 2

2° Faire 5 fois de suite 1 élargissure et 7
mailles ordinaires, ce qui donne....... 5 35

Totaux.................... 5 37

Ce qui porte le nombre de mailles à : 42
Faire ensuite 2 tours en mailles ordinaires.

19e Cylindre. — Moule de 0ᵐ027.

Faire 8 tours en mailles ordinaires et à
chaque tour......................... » 42

20e Cylindre. — Même moule.

Faire 2 tours en fil à 6 brins pour recevoir le cerceau d'entrée et à chaque
tour............................... » 42

Ces 22 tours faits (du 15e au 20e cylindre)
formeront la partie du vervotin, appelée entrée (de A à B, fig. 55) et qui aura 70 à 75
centimètres de diamètre..................

On enlève ensuite le fil sur lequel on a commencé le filet, on fait glisser les nœuds des
mailles du 1er tour et on ferme le vervotin,
sur ce point (à la queue) en faisant un tour en
fil à 3 brins *mais doublé*, au moule de 0ᵐ04 et

en prenant deux mailles à la fois avec la navette pour diminuer le nombre de mailles de moitié soit donc, puisque nous avons commencé le vervotin sur 14 mailles, le fermer par 7 mailles. C'est dans ce dernier tour de 7 mailles que sera attachée la corde de queue du vervotin.

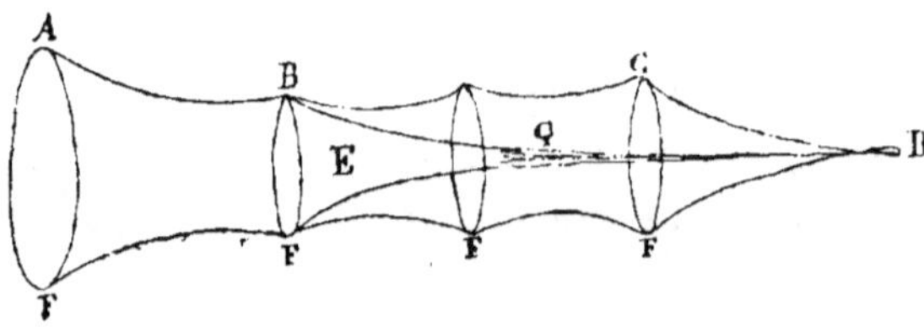

Fig. 55.

Ce filet ainsi terminé sera composé de 20 cylindres, formant 93 tours comprenant eux-mêmes 2794 mailles ; on le complétera des cordelettes de goulet, des cerceaux et de la corde de queue, ainsi qu'il est dit page 227 à l'article : *Monter les Verveux.*

Le Vervotin se monte comme un Verveux mais, ainsi que nous l'avons dit plus haut, il n'a qu'un seul goulet.

On pose les Vervotins, le soir, au nombre de 15 ou 20, sur les rives où on suppose qu'il y a des écrevisses et on les relève le lendemain matin car, l'écrevisse ne voyage généralement que la nuit et peu ou point dans le jour. On attire ces crustacés en suspendant, dans l'intérieur du filet, à une des cordelettes du goulet, un appat quelconque, soit de la viande, de la morue ou mieux encore une moitié de hareng saur.

Du montage des Verveux et Vervotins.

Avant de monter un Verveux ou un Vervotin sur ses cerceaux, il faut y attacher la corde de queue et les cordelettes qui supportent les goulets.

On emploiera, pour la corde de queue, une forte ficelle qui aura environ 70 centimètres de longueur, on la passera dans le dernier tour de mailles faites en fil doublé à la queue du filet et on liera les deux extrémités de cette corde par un nœud droit.

Les cordelettes des goulets seront faites en ficelle dite, dans le commerce, ficelle à matelas. Pour les attacher aux goulets, on retournera le Verveux, comme on le ferait d'un bas ou d'une jambe de pantalon puis, en commençant par le goulet de queue, on coupera 4 cordelettes de la longueur, mesurée sur le filet, entre les tours de mailles en gros fil du 4me cerceau K et la queue du Verveux G (Fig. 59), puis on partagera, en quatre, le nombre des grandes mailles du bout du goulet I, soit, comme exemple : 4 fois 6 mailles pour le Verveux n° 1 qui a 24 mailles à cette partie du goulet et, on passera dans chaque quart, c'est-à-dire dans 6 mailles réunies, une cordelette qui y sera solidement attachée par un nœud coulant et on réunira ensemble ces 4 cordelettes en

les nouant par un nœud simple en F (Fig. 59) à peu
près à la hauteur des tours de mailles en gros fil
dans lesquelles doit être placé le dernier cerceau L
du corps de queue. On coupera ensuite 4 autres
cordelettes de la longueur, mesurée sur le filet, entre les tours de mailles en gros fil du 1er cerceau
C et ceux du 3me cerceau D (Fig. 59) et, après avoir
partagé les grandes mailles du bout du goulet de
tête en E (Fig. 59), en 4 parties égales, on y attachera les cordelettes comme cela vient d'être fait
pour le goulet de queue.

Pour monter un Verveux il faut être, préalablement,
pourvu : 1° de gaulettes de troëne de la grosseur
de 7 à 8 millimètres de diamètre pour les cerceaux
du corps du filet et de 15 à 16 millimètres pour le
cerceau d'entrée ; 2° de morceaux de sureau de la
grosseur de 1 à 2 centimètres de diamètre pour
ceux destinés à réunir les cerceaux du corps du filet et de 3 à 4 centimètres de diamètre pour le cerceau d'entrée.

Les gaulettes de troëne devront être le plus long
et le plus régulier possible car, il est nécessaire que
les cerceaux du corps du verveux soient faits d'une
seule gaulette et celui d'entrée de deux au plus. Le
troëne est le meilleur bois pour faire des cerceaux
de verveux parce que les brins sont, à très peu de
chose près, de la même grosseur sur toute leur longueur, que ce bois se courbe facilement, qu'il est
très ligneux et qu'il se pourrit peu à l'eau.

Les morceaux de sureau devront avoir au moins deux ou trois ans de végétation et, il sera bon, si cela est possible, de les prendre à des arbustes plantés dans des terrains arides, parce qu'en ces endroits, bien mieux que dans les terrains fertiles, le sureau a très peu de moelle, beaucoup plus de bois et dès lors, plus de solidité, qualité indispensable aux morceaux destinés à réunir les deux extrémités d'un cerceau de verveux.

Les gaulettes de troëne, dont les nœuds seront parfaitement arasés, ne devront pas être écorcées et mesureront les longueurs suivantes, d'après le type du verveux auquel elles sont destinées. savoir :

1° Pour les cerceaux du corps du verveux, en un seul morceau :

Verveux à la maille 0,031, les gaulettes auront.	. . .	2	m	00
dito	0,02 ,	dito	. . . .	1	75
dito	0,015,	dito	. . . .	1	30
Vervotin dito	0,015,	dito	. . . .	»	75

2° Pour les cerceaux d'entrée, en un ou deux morceaux.

Verveux à la maille 0,031, les gaulettes auront.	. . .	3	m	70
dito	0,02 .	dito	. . . .	3	45
dito	0,015,	dito	. . . .	3	35
Vervotin dito	0,015,	dito	. . . .	1	60

Les morceaux de sureau devront avoir pour les cerceaux du corps du verveux, de 10 à 12 centimètres et pour les cerceaux d'entrée, de 12 à 15 centimètres de longueur.

Ainsi pourvu de gaulettes de Troëne et de morceaux de sureau, on cintrera les cerceaux en introduisant les deux extrémités de la gaulette AA dans un morceau de sureau B (Fig. 56) et, dans le cas où les cerceaux ne seraient pas bien circulaires, ils seraient mis à la forme pendant un ou deux mois avant de les employer.

Les cerceaux seront passés dans les mailles du verveux faites en fil à 6 brins en introduisant un de des bouts dans une maille et en alternant successi-

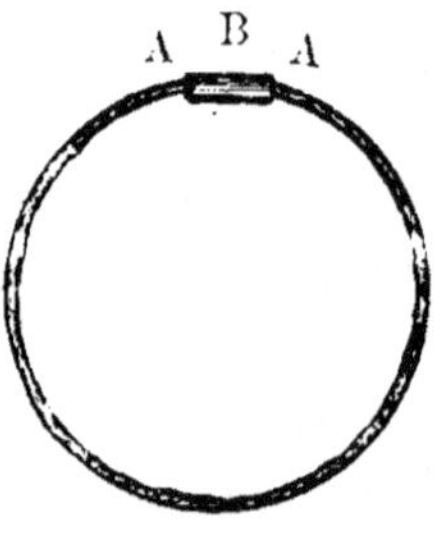

Fig. 56.

vement, une en dessus, une en dessous puis, quand toutes les mailles sont enfilées sur le cerceau, on réunit les deux extrémités AA en les introduisant dans le morceau de sureau B (Fig. 56) sur lequel on fera glisser une, deux, ou trois mailles, suivant le nombre nécessaire, pour donner une tension circulaire suffisante au filet.

Les entrées se montent de deux manières, soit

en leur donnant, ainsi que nous l'avons dit plus haut,
la forme circulaire au moyen de deux gaulettes de
troëne AA réunies par deux morceau de sureau BB
(fig. 57).

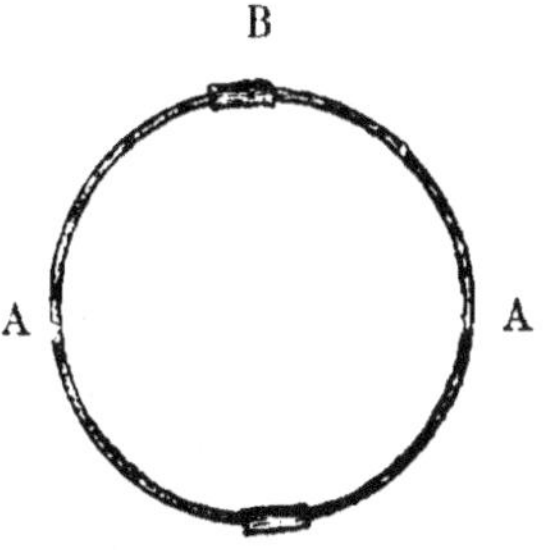

Fig. 57

Soit en leur donnant la forme demi-circulaire et
en les montant au moyen d'un demi cerceau AAA
(fig. 58) fait avec une gaulette de troëne qu'on introduit comme les autres cerceaux dans les mailles
en fil à 6 brins et dont on réunit les extrémités à une
très forte ficelle, passant également dans les mailles
et formant le diamètre BB (fig. 58) ; mais il faut,
pour que l'entrée soit bien proportionnée, veiller à
ce qu'il y ait les deux tiers environ des mailles sur
le cerceau et les autres mailles sur la ficelle. Les verveux dont les entrées sont ainsi montées, s'emploient plus particulièrement pour pêcher dans les
fonds et y prendre le barbeau, l'anguille et tous les
poissons de fond.

Les cerceaux étant placés, il faut suspendre les

goulets dans l'intérieur du verveux. Pour cela faire, on attachera le filet, d'un côté par la corde de queue

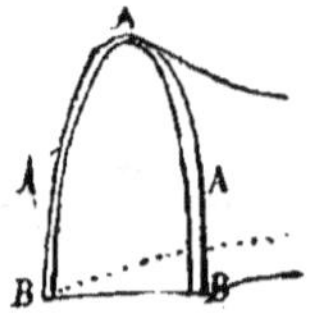

Fig. 58.

à un clou A. (fig. 59), fiché dans un mur et de l'autre côté, par le cerceau d'entrée à un second clou B, de manière que le verveux soit parfaitement tendu et suspendu à la hauteur qui paraîtra la plus convenable à l'ouvrier, pour cette opération ; puis, au moyen d'un fil de fer, recourbé en forme de crochet à une de ses extrémités, qu'on passe dans une des mailles en gros fil qui enserrent le cerceau D, on saisit, au goulet de tête E, la cordelette que l'on suppose devoir correspondre directement à cette maille du cerceau puis, après s'être assuré que la cordelette ne fera pas tordre le goulet, on l'attache par un nœud simple à la dite maille du cerceau en ayant soin de lui donner la tension nécessaire pour que le goulet soit assez ouvert comme cela est figuré au point E ; ensuite, à partir de la maille du cerceau, à laquelle vient d'être attachée la première cordelette, on compte le quart des mailles de la circonférence du cerceau D *(soit par exemple 11 mail-*

les pour le verveux n° 1) et on saisit la deuxième
cordelette comme il vient d'être dit pour la première,
on l'attache à la maille correspondante du cerceau
puis on agit de même pour la troisième et la quatrième cordelette et le goulet de tête se trouve ainsi
suspendu dans l'intérieur du verveux.

Toujours au moyen du crochet de fil de fer, on
s'empare aussi des quatre cordelettes du goulet de
queue qui ont été réunies par un nœud en F, on les
passe dans la queue du verveux en G et on les noue
à la corde de cette queue mais, en veillant à ce
qu'elles ne soient *ni trop ni trop peu tendues*.

Le verveux ainsi monté, il peut arriver que les

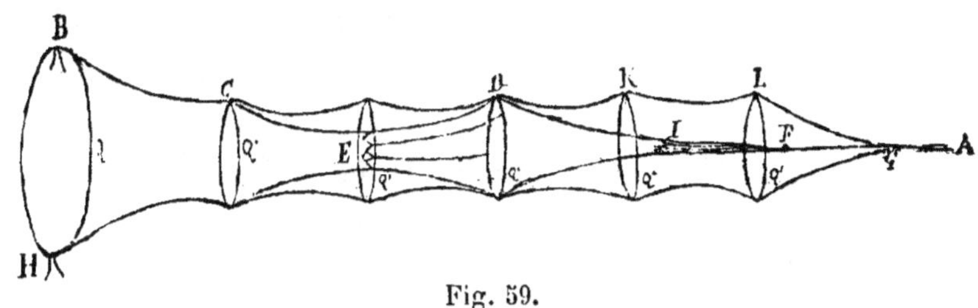

Fig. 59.

goulets se tordent, on y remédiera en détachant les
cordelettes d'après les mailles du cerceau auxquelles elles ont été fixées et en les attachant de nouveau
à d'autres mailles de la circonférence qui leur corres-
pondront plus directement.

On finira de préparer le verveux en attachant, au
cerceau d'entrée aux points B et H (fig. 59) deux
petites ficelles avec bouts pendants de 20 centimè-

tres environ ; ces deux ficelles devant servir à fixer à la tête du verveux une perche d'une longueur proportionnée à la profondeur de l'eau dans laquelle le filet sera posé, de même qu'il y aura une autre perche semblable, à laquelle sera fixée la corde de la queue du verveux, ces deux perches devant être solidement enfoncées dans le sol de la rivière pour y maintenir le filet bien tendu au fond de l'eau.

De la pêche au verveux.

On pose généralement les verveux (qu'ils soient à entrée circulaire ou à entrée demi-circulaire) le long des rives et aux endroits les plus propices au passage du poisson; on peut, pour attirer le poisson, mettre une amorce dans le corps de queue du verveux, et surtout un morceau de pain de chènevis. Pour poser convenablement un verveux on s'y prendra de la manière suivante :

On fera à la corde de la queue un œillet ou boucle dans lequel on assujettira solidement une perche rendue pointue, à la serpe, par le gros bout et assez longue pour que, étant enfoncée dans le sol, de 30 à 40 centimètres, elle dépasse d'au moins un mètre, la surface de l'eau.

On fixera aussi et au moyen des petites ficelles qui s'y trouvent, une autre perche semblable, au cerceau d'entrée puis, à l'aide d'un maillet on en-

foncera d'abord la perche de queue, de telle sorte
que le filet, poussé par le courant, ne puisse la dé-
raciner du sol; on enfoncera ensuite et aussi solidement, la perche de l'entrée mais en ayant soin de
veiller à ce que le verveux soit bien tendu, qu'il soit
exactement placé dans la direction du courant, s'il
y en a, et que le cerceau d'entrée repose sur le fond.

En général on se sert d'une barque ou d'un bateau de pêcheur pour poser les verveux à la rivière
en prenant la précaution de tenir les perches assez
écartées de la rive pour que les maraudeurs ne
puissent y atteindre.

Les meilleures perches pour maintenir les verveux à l'eau se feront en rotin de frêne bien sec et
elles sont enfoncées dans le sol à l'aide d'un maillet
en bois dans le genre de celui dont se servent les
statuaires mais un peu plus fort.

Les verveux sont habituellement relevés après 24
heures de pose et, avant d'être replacés, ils doivent
être *parfaitement lavés et nettoyés* si on veut éviter leur prompte destruction par la pourriture du fil.

De la Louve ou Verveux à ailes.

On nomme *louve* (fig. 60) une sorte de *verveux* à
l'entrée duquel il est ajouté deux nappes en filet ap-
lés *ailes* et qui servent à barrer le plus d'espace
possible dans les eaux où l'on pêche, pour diriger

le poisson vers l'entrée du verveux. Beaucoup de pêcheurs appellent *louve* le verveux à deux entrée, c'est une erreur car le verveux à double entrée et sans ailes se nomme *tambour* et, c'est une espèce de filet si incommode et si peu employée à la pêche que nous n'en parlerons pas.

Le corps d'un *verveux à ailes* se fait absolument comme celui d'un *verveux simple*.

Après quelques explications générales que nous allons donner, nous indiquerons la manière de fabriquer l'entrée et les ailes d'un verveux à ailes.

Les entrées des verveux à ailes ne se font généralement que sur 1 mètre de diamètre à moins que ça ne soit de très grandes Louves destinées à être posées dans des eaux profondes ou à des têtes de courant et, dans ce cas alors, on donne aux entrées le même diamètre que pour les verveux simples.

Les ailes qui s'ajoutent aux entrées des louves ont ordinairement de 32 à 80 tours de mailles de longueur et même plus et, elles sont portées par une, deux et trois baguettes. Quand les ailes n'ont que 32 à 40 tours de longueur, on ne met qu'une baguette à l'extrémité de chaque aile et les deux derniers tours sont faits en gros fil pour recevoir cette baguette ; quand les ailes ont 50 à 60 tours de longueur, on fait dans le milieu et à l'extrémité de chaque aile, deux tours en gros fil et on met deux baguettes ; quand les ailes ont 70 à 80 tours de longueur et plus, on fait à chaque tiers de la longueur

et à l'extrémité, deux tours en gros fil et on met
trois baguettes b, c, d (fig. 60).

Les ailes sont toujours garnies de chaque côté
de la longueur de la nappe, d'une ficelle assez forte
pour maintenir les ailes bien tendues et les empêcher de se rompre au courant de l'eau.

Les baguettes auront de 7 à 8 millimètres de diamètre et elles porteront, à deux centimètres environ de chaque extrémité, une légère échancrure
qui servira à les fixer aux ailes aux moyens de petites ficelles de la même longueur que celles qui servent à attacher le cerceau d'entrée des verveux simples à la perche de pose.

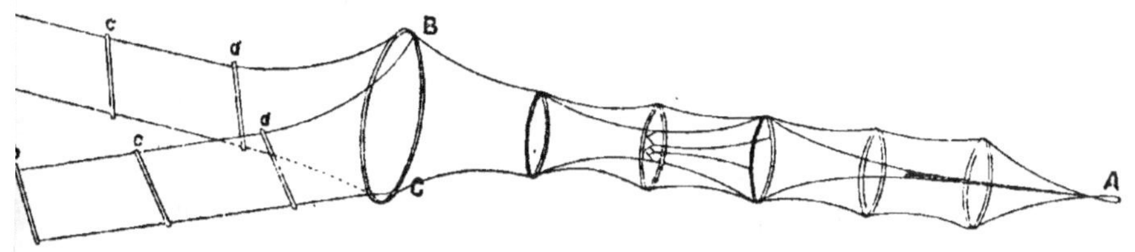

Fig. 60.

En général les verveux à ailes ne se placent que
dans les eaux peu courantes ou presque stagnantes
parce que, présentant une grande surface et se chargeant promptement des saletés que charrient les
eaux, surtout à l'époque des crues, ils seraient promptement brisés si on les plaçait dans des forts courants, en outre, on donne aux deux ailes autant d'é-

cartement que l'on désire et on les fixe au sol, chacune au moyen d'une perche comme y est fixée la queue du verveux en A et qui les soutient, attachées par deux ficelles, reliées à la corde du haut et du bas et à la hauteur de la première baguette.

TYPE N° 1.

Verveux à ailes, à la maille de 0^m031, le corps du filet, *ayant 44 mailles*, de circonférence.

Tous les verveux à ailes se font en fil à **3 brins**, excepté les tours des mailles qui reçoivent les cerceaux dans le verveux proprement dit et les tours qui, dans les ailes, reçoivent les baguettes, qui se font en fil à 6 brins.

Avant de commencer le travail, se reporter à ce qui est dit au nota : du verveux simple, Type n° 1, page 191 puis, commencer le filet, *et en poursuivre la fabrication en copiant textuellement ce qui est indiqué pour le verveux simple, type n° 1, jusqu'au 26° cylindre inclusivement.*

	Elargis-sures	Mailles ordinaires
27° Cylindre. — Moule de 0^m,031.		
Reprendre au dernier tour en fil à 6 brins avant le goulet (en C, fig. 59) en rattachant le fil de la navette à n'importe quelle maille de la circonférence et faire 4 tours en mailles ordinaires et à chaque tour..............	»	44

	Élargis- sures	Mailles ordinaires

28ᵉ Cylindre. — Même moule.

1ᵉʳ Tour.

1° Faire 2 mailles ordinaires..........	»	2
2° Faire 5 fois de suite 1 élargisssure et 8 mailles ordinaires ce qui donne....	5	40
3° Faire 2 mailles ordinaires..........	»	2
Totaux..................	5	44

Ce qui porte le nombre de mailles à : 49
Faire ensuite 3 tours en mailles ordinaires.

29ᵉ Cylindre. — Moule de 0ᵐ036.

Faire 4 tours en mailles ordinaires, et à chaque tour.....................	»	49

30ᵉ Cylindre. — Même moule.

1° Faire 2 mailles ordinaire..........	»	2
2° Faire 5 fois de suite 1 élargissure et 9 mailles ordinaires, ce qui donne.....	5	45
2° Faire 2 mailles ordinaires..........	»	2
Totaux..................	5	49

Ce qui porte le nombre de mailles à : 54
Faire ensuite 3 tours en mailles or-
naires.

	Étrécis- sures	Mailles ordinaires

31ᵉ Cylindre. — Moule de 0ᵐ,04.

Faire 12 tours en mailles ordinaires. et à chaque tour	»	54

	Étrécis-sures	Mailles ordinaires

32ᵉ Cylindre. — Même moule.

Faire 2 tours *en fil à 6 brins*, pour recevoir le cerceau d'entrée et à chaque tour .. — 54

Ces 30 tours faits (du 27ᵉ au 32ᵉ cylindre inclus) formeront la partie du verveux appelée entrée (de B à C, fig. 59) et qui aura 1 mètre de diamètre, puis, pour faire une aile :

Moule de 0ᵐ04. — Ne faire que 26 mailles ordinaires, sur la circonférence du dernier tour de l'entrée (de B à C fig. 60), ce qui donne. — 26

Faire 5 tours en mailles ordinaires, et à chaque tour .... — 26

Sur le 7ᵉ Tour.— 1° Faire 1 maille ordinaire. — 1

    2° Faire 3 fois de suite 1 étrécissure et 6 mailles ordinaires, ce qui donne.................. 3 — 18

    3° Faire 1 maille ordinaire..... — 1

    Totaux.................. 3 — 20

                23

Ce qui porte le nombre de mailles à :
Faire ensuite 5 tours en mailles ordinaires.

Sur le 13ᵉ Tour.—1° Faire 1 maille ordinaire. — 1

    2° Faire 3 fois de suite 1 étrécissure et 5 mailles ordinaires, ce qui donne.............. 3 — 15

    3° Faire 1 maille ordinaire.... — 1

    Totaux.............. 3 — 17

                20

Ce qui porte le nombre de mailles à :
Faire ensuite 5 tours en mailles ordinaires.

	Etré-cissures	Mailles ordinaires
Sur le 19ᵉ Tour.—1° Faire 1 maille ordinaire.	»	1
2° Faire 3 fois de suite 1 étrécissure et 4 mailles ordinaires, ce qui donne	3	12
3° Faire 1 maille ordinaire....	»	1
Totaux...............	3	14

Ce qui porte le nombre de mailles à : 17

Faire ensuite 3 tours en mailles ordinaires.

Faire 2 tours *en fil à 6 brins* pour recevoir une baguette, et à chaque tour..	»	17
Faire 26 tours en mailles ordinaires, et à chaque tour......................	»	17
Faire 2 tours *en fil à 6 brins* pour recevoir une baguette, et à chaque tour..	»	17
Faire 26 tours en mailles ordinaires, et à chaque tour...................	»	17
Faire 2 tours *en fil à 6 brins* pour recevoir la baguette extrême, et à chaque tour....................	»	17

Ces 80 tours faits formeront une des deux ailes.

On fabriquera ensuite la seconde aile, comme il vient d'être dit pour la première, en rattachant le fil de la navette à la maille voisine de celle sur laquelle, à la circonférence de l'entrée, a été commencée la première des vingt-six mailles formant le premier tour de la première aile.

Nous ferons remarquer que nous n'avons pris que

26 mailles pour chaque aile, au lieu de 27, nombre exact de la moitié des mailles de la circonférence de l'entrée, qui en a 54, parce que, si on prenait 27 mailles pour la première aile, l'autre se trouverait n'en avoir que 25 et ne serait plus alors égale en hauteur avec sa voisine.

On garnira ensuite les ailes, d'une ficelle assez forte, en haut et en bas de la nappe comme il a été dit précédemment aux observations générales, page 236 en passant cette ficelle dans toutes les mailles de la longueur de la nappe puis, les cerceaux du corps du filet, le grand cerceau d'entrée et les ficelles des deux goulets seront placés comme il est indiqué pour les verveux simples, page 227 et suiv.

Les baguettes des ailes auront 70 centimètres de long sur 7 à 8 millimètres de diamètre, elles seront faites en bois de troène dégarni de son écorce avec les nœuds bien arrasés ; elles seront passées dans les mailles *en fil à 6 brins*, comme cela a été dit pour les cerceaux et elles seront fixées, par la petite échancrure faite à chaque extrémité, à la corde qui garnit les ailes, au moyen d'une petite ficelle qui les y nouera fortement.

TYPE N° 2

Verveux à ailes, à la maille de 0ᵐ027, le corps du filet, ayant 60 mailles de circonférence.

Avant de commencer le travail, se reporter à ce qui est dit au nota du verveux simple, type n° 1, page 191, puis commencer le filet et en poursuivre la fabrication, en exécutant textuellement ce qui est indiqué pour le verveux simple, type n° 2 page 202 jusqu'au 32ᵉ cylindre inclusivement.

	Etré-cissures	Mailles ordinaires

33ᵉ Cylindre. — Moule de 0ᵐ027.

Reprendre au dernier tour *en fil à 6 brins* avant le goulet (en C, fig 59) en rattachant le fil de la navette à n'importe quelle maille de la circonférence et faire 8 tours en mailles ordinaires et à chaque tour.............. » 60

34ᵉ Cylindre. — Moule de 0ᵐ031.
Faire 8 tours en mailles ordinaires, et à chaque tour .... » 60

35ᵉ Cylindre. — Moule de 0ᵐ036.
Faire 12 tours en mailles ordinaires, et à chaque tour...................... » 60

36ᵉ Cylindre. — Moule de 0ᵐ036.
Faire 2 tours *en fil à 6 brins*, pour recevoir le cerceau d'entrée et à chaque tour .... » 60

Ces 30 tours faits, (du 33ᵉ au 36ᵉ Cylindre inclus) formeront la partie du verveux appelée entrée (de **B à C** fig. 59) et qui aura 1 mètre de diamètre, puis pour faire une aile :

	Étrécis-sures	Mailles ordinaires
Moule de 0^{m}036. — Ne faire que 29 mailles ordinaires sur la circonférence du dernier tour de l'entrée, (de B à C fig. 60), ce qui donne..	»	29
Faire 5 tours en mailles ordinaires, et à chaque tour.........................	»	29
Sur le 7e Tour. — 1° Faire 1 maille ordinaire.	»	1
2° Faire 3 fois de suite 1 étrécissure et 7 mailles ordinaires, ce qui donne................	3	21
3° Faire 1 maille ordinaire.....	»	1
Totaux...............	3	23
Ce qui porte le nombre de mailles à :		26

Faire ensuite 4 tours en mailles ordinaires.

	Étrécis-sures	Mailles ordinaires
Sur le 12e Tour. — 1° Faire 1 maille ordinaire.	»	1
2° Faire 2 fois de suite 1 étrécissure et 10 mailles ordinaires, ce qui donne,...........	2	20
3o Faire 1 maille ordinaire....	»	1
Totaux.....................	2	22
Ce qui porte le nombre de mailles à :		24

Faire ensuite 4 tours en mailles ordinaires.

	Étrécis-sures	Mailles ordinaires
Sur le 17e Tour. — 1° Faire 2 mailles ordinaires.	»	2
2° Faire 3 fois de suite 1 étrécissure et 5 mailles ordinaires, ce qui donne.............	3	15
3° Faire 1 maille ordinaire....	»	1
Totaux..................	3	18
Ce qui porte le nombre de mailles à :		21

	Étrécis- sures	Mailles ordinaires
Faire ensuite 4 tours en mailles ordinaires.		
Sur le 22ᵉ Tour.—1° Faire 2 mailles ordinaires.	»	2
2° Faire 2 fois de suite 1 étrécissure et 7 mailles ordinaires. ce qui donne..........	2	14
3° Faire 1 maille ordinaire....	»	1
Totaux..........	2	17
Ce qui porte le nombre de mailles à :		19

Faire ensuite 2 tours en mailles ordinaires.

Faire 2 tours *en fil à 6 brins* pour recevoir une baguette et à chaque tour...	»	19
Faire 26 tours en mailles ordinaires, et à chaque tour.....................	»	19
Faire 2 tours *en fil à 6 brins* pour recevoir une baguette, et à chaque tour.......	»	19
Faire 26 tours eu mailles ordinaires, et à chaque tour.....................	»	19
Faire 2 tours *en fil à 6 brins* pour recevoir la baguette extrême, et à chaque tour....	»	19

Ces 82 tours formeront une des deux ailes.

On fabriquera ensuite la seconde aile, comme il vient d'être dit pour la première, en rattachant le fil de la navette à la maille voisine de celle sur laquelle, à la circonférence de l'entrée, a été commencée la première des vingt-neuf mailles formant le premier tour de la 1ʳᵉ aile.

On finira en montant le corps et les ailes de ce verveux comme cela a été indiqué pour le verveux précédent (verveux à ailes, type n° 1 page 242).

TYPE N° 3.

Verveux à ailes, à la maille de 0^m015, le corps du filet ayant 58 mailles de circonférence.

Avant de commencer le travail, se reporter à ce qui est dit au nota du verveux simple (type n°1, page 191 puis commencer le filet et en poursuivre la fabrication, en exécutant textuellement ce qui est indiqué pour le verveux simple. Type n° 3, page 211 jusqu'au 29e cylindre inclusivement.

Mailles
ordin.

30° Cylindre. — Moule de 0^m015.

Reprendre au dernier tour *en fil à 6 brins* avant le goulet (en C, fig. 59) en rattachant le fil de la navette à n'importe quelle maille de la circonférence et faire 6 tours en mailles ordinaires, et à chaque tour............   »   58

31° Cylindre. — Moule de 0^m02.

Faire 6 tours en mailles ordinaires, et à chaque tour......................   »   58

32 Cylindre. — Moule de 0^m031.

Faire 6 tours en mailles ordinaires, et à chaque tour......................   »   58

	Étrécis- sures	Mailles ordinaires

33e Cylindre. — Moule de 0m036.

Faire 12 tours en mailles ordinaires, et à chaque tour.......................... » 58

34e Cylindre. — Même moule.

Faire 2 tours *en fil à 6 brins* pour recevoir le cerceau d'entrée, et à chaque tour............................... » 58

Ces 32 tours faits, (du 30e au 34e cylindre inclus, formeront la partie du verveux appelée entrée (de B à C, fig. 59) et qui aura 98 centimètres de diamètre puis, pour faire une aile ;

Moule de 0m036. — Ne faire que 28 mailles ordinaires sur la circonférence du dernier tour de l'entrée (de B à C, fig. 60), ce qui donne.............................. » 28

Faire 4 tours en mailles ordinaires, et à chaque tour........................ » 28

Sur le 6e Tour.— 1° Faire 2 mailles ordinaires. » 2

2° Faire 3 fois de suite 1 étrécissure et 6 mailles ordinaires, ce qui donne.................... 3 18

3° Faire 2 mailles ordinaires..... » 2

Totaux.............. 3 22

25

Ce qui porte le nombre de mailles à :

Faire ensuite 4 tours en maillles ordinaires.

Sur le 11e Tour.—1° Faire 2 mailles ordinaires. » 2

2° Faire 3 fois de suite 1 étré-

	Étrécis-sures	Mailles ordinaires
cissure et 5 mailles ordinaires, ce qui donne...........	3	15
3° Faire 2 mailles ordinaires...	»	2
Totaux..................	3	19

Ce qui porte le nombre de mailles à : 22

Faire ensuite 4 tours en mailles ordinaires.

	Étrécis-sures	Mailles ordinaires
Sur le 16ᵉ Tour. — 1° Faire 2 mailles ordinaires.	»	2
2° Faire 3 fois de suite 1 étrécissure et 4 mailles ordinaires, ce qui donne...........	3	12
3° Faire 2 mailles ordinaires..	»	2
Totaux..............	3	16

Ce qui porte le nombre de mailles à : 19

Faire ensuite 6 tours en mailles ordinaires.

	Étrécis-sures	Mailles ordinaires
Faire 2 tours en fil à 6 brins pour recevoir une baguette, et à chaque tour..	»	19
Faire 26 tours en mailles ordinaires, et à chaque tour.....................	»	19
Faire 2 tours en fil à 6 brins pour recevoir une baguette, et à chaque tour..	»	19
Faire 26 tours en mailles ordinaires, et à chaque tour.....................	»	19
Faire 2 tours en fil à 6 brins pour recevoir la baguette extrême et à chaque tour.....................	»	19

Ces 80 tours faits formeront une des deux ailes. On fabriquera ensuite la seconde aile, comme il vient d'être dit pour la première, en rattachant le fil de la navette à la maille voisine de celle sur laquelle, à la circonférence de l'entrée, a été commencée la première des vingt-huit mailles formant le premier tour de la première aile.

On finira en montant le corps et les ailes de ce verveux comme cela a été indiqué pour le verveux à ailes. (Type n° 1, page 242).

Nota : Nous avons indiqué, dans la fabrication de ces trois types de louves ou verveux à ailes, des ailes portant trois baguettes mais si on désire diminuer la longueur des ailes et ne leur faire porter que deux baguettes, on fera sur chaque aile 28 tours en moins représentés par 26 tours en fil 3 brins et par 2 tours en fil à 6 brins.

Des trubles. — Des bouteux. — Des épuisettes.

Ces filets qui ont tous la même forme, c'est-à-dire qui sont composés *d'une poche ou chausse* plus ou moins grande et à mailles plus ou moins petites, se font tous de la même manière, ils ne varient entr'eux que par leurs dimensions et leurs modes de montage.

Les dimensions de ces filets variant à l'infini, nous indiquerons la manière de les faire *en général* et nous donnerons ensuite la manière de monter chaque espèce *en particulier*.

Ces filets se commencent toujours par une nappe carrée et, à cet effet, en nous conformant à ce qui a été dit page 112 dans la fabrication de la balance à écrevisses, relativement à la bonne exécution de la nappe carrée par laquelle se commence le filet nous dirons que :—Si on veut que le fond du filet soit fait à la maille de 0^{m}009, on commence le filet sur 30 mailles et on fait 60 tours pour obtenir une nappe carrée de 30 maille de côté ; — Si on veut que le fond du filet soit fait à la maille de 0^{m}015 ou de 0^{m}02, on commence le filet sur 20 mailles et on fait 40 tours pour obtenir une nappe carrée de 20 mailles de côté ; — Si on désire que le fond du filet soit fait à la maille de 0^{m}027 ou de 0^{m}031, on commence le filet sur 16 mailles et on fait 32 tours pour obtenir une nappe carrée de 16 tours de côté. Il n'y a que pour les puisettes, dites aussi épuisettes, qui sont de très petits filets et dont le fond se fait toujours à la maille de 0$_m$009, qu'on commence le filet sur 10 mailles et qu'on fait 20 tours pour obtenir une nappe carrée de 10 mailles de côté.

En ce qui concerne le soin de rattacher le fil de la navette à la nappe carrée et d'y nouer un fil courant, de même qu'en ce qui a trait à la ficelle destinée à supporter le filet pendant le tissage, on devra se conformer à ce qui est dit, à ce sujet, page 184 pour la fabrication de la balance à écrevisses.

Ayant déterminé, à l'avance, la profondeur et la circonférence qu'on désire donner à son filet, ainsi

que les divers moules que l'on veut employer, on
calcule le nombre de tours qu'il faut faire pour donner, à son filet, la profondeur désirée et le nombre
de mailles dont il faudra élargir pour obtenir la circonférence voulue, en ayant soin d'observer qu'il
faut que toutes les élargissures soient faites sur *les
trois quarts inférieurs de la profondeur du filet* et
qu'il n'en faut aucune *dans le quart supérieur*.

Le nombre de tours, pour arriver aux trois quarts
de la profondeur du filet étant déterminé (*ce qu'on
obtient en divisant cette longueur par la diagonale
de la maille*) et le nombre de mailles dont il faudra
élargir l'étant aussi (*ce qu'on obtient en soustrayant
du nombre total des mailles de la circonférence,
celles du pourtour de la nappe carrée qui a été faite
pour commencer le filet*) la différence entre ces deux
quantités sera exactement le nombre de mailles dont
il faudra élargir. Ceci reconnu, on divisera le nombre de tours à faire par 8, 10, 12, 14 ou 16, selon le
nombre de mailles dont on doit élargir pour obtenir
le nombre de cylindres qui comprendront ces tours
et sur lesquels on répartira, aussi uniformément que
possible, le nombre des mailles à élargir, en ayant
soin de ne faire les élargissures que sur le 1er tour
de chaque cylindre, si le filet en entier se fait au
même moule excepté pour le 1er cylindre où les élargissures se font toujours sur le 3e tour; mais si, dans
la confection du filet, on devait changer de moule,
il faudrait observer de ne faire alors les élargissu-

res que sur le 2ᵉ tour du cylindre fait avec un moule nouveau.

Lorsque, par les élargissures successives, on est arrivé au nombre de mailles voulu pour la circonférence du filet, on finit le dernier quart de la profondeur en ayant soin de faire les 2 derniers tours *en gros fil*, car ce sont ces deux derniers tours qui sont appelés à supporter la monture du filet.

Nous allons, en en faisant préalablement les calculs, indiquer la manière de faire une épuisette, qui est le plus petit des filets de cette forme particulière, et, par cet exemple, on apprendra facilement comment il faudra faire les calculs pour obtenir les renseignements nécessaires à la fabrication des plus grands filets tels que Trubles et Bouteux, etc.

Epuisette à la maille de 0ᵐ009, ayant 60 centimètres de profondeur et 1ᵐ20 de circonférence ou 40 centimètres de diamètre à l'ouverture.

La profondeur du filet et la circonférence de son ouverture étant connues, sachant aussi que ce filet se commence par une nappe carrée de 10 mailles de côté, nous chercherons d'abord le nombre de tours qu'il faudra donner à la profondeur, ce que nous obtiendrons en divisant cette profondeur, c'est à-dire 60 centimètres par 0ᵐ012761, qui est la diagonale de 0ᵐ009, maille du filet, et ce calcul nous donnera 50 tours ; puis, nous chercherons de combien de mailles il faudra élargir, ce que nous trouverons en soustrayant du nombre de mailles : *100* que porte la circonférence, puisque 1ᵐ20, circonférence, divisé par 0ᵐ012761, diagonale, donne 100, *le nombre de mailles : 39* que comporte le pourtour de la nappe carrée par laquelle se commence le filet et, cette soustraction nous donnera 61, nombre de mailles dont il faudra élargir mais, comme toutes les élargissures ne doivent être faites que sur les 3/4 de la profondeur, soit sur 45 centimètres et que ces 45 centimètres représentent 36 tours, nous diviserons ce nombre de tours à faire : *36 par 12*, ce qui nous donne 3 et nous partagerons ces 36 tours en 3 cylindres de 12 tours chacun, sur lesquels, dans le cas présent, nous devrons répartir les 61 élargissures, en en faisant : 21 sur le 3ᵉ tour du 1ᵉʳ cylindre, (puisque nous savons que sur le 1ᵉʳ cylindre seulement les élargissures se font toujours sur le 3ᵉ tour); 20 sur le 1ᵉʳ tour du 2ᵉ cylindre et 20 sur le 1ᵉʳ tour du 3ᵉ cylindre. Il ne nous restera que le quatrième quart de la profondeur (*15 centimètres*) représentés par 14 tours sur lesquels on ne doit pas élargir et que nous partagerons en deux cylindres, un de 12 tours et l'autre de 2 tours, ces deux derniers faits en gros fil et sur lesquels est monté le filet.

Nous exécuterons ce travail de la manière suivante :

	Élargis- sures	Mailles ordinaires

Moule de 0^{m}009, fil à 2 brins très fin. — Commencer le filet sur 10 mailles et faire 20 tours pour obtenir une nappe carrée de 10 mailles de côté, ce qui donne pour les 20 tours . . . .   »   200

Cette nappe carrée faite, couper le fil de la navette, enlever la ficelle sur laquelle a été tissé le 1er tour de mailles, faire glisser, en tirant dessus, les nœuds des mailles de ce 1er tour et passer de nouveau la ficelle destinée à supporter le filet, dans la 3e maille, sur tout le pourtour, en ayant soin de rattacher le fil de la navette et un fil courant, au fil qui a commencé le premier tour de cette nappe carrée.

1er Cylindre. — Moule de 0^{m}009, même fil.

Faire les 2 premiers tours en mailles ordinaires de 39 mailles chacun ce qui donne pour ces deux tours . . . .   »   78

2e Tour.

Faire 18 fois de suite 1 élarg. et 2 m. ord.   18   36

Faire 3 fois de suite 1 élarg. et 1 m. ord.   3   3

Totaux   21   39

Ce qui porte le nombre de mailles à :   60

Faire ensuite 9 tours en m. or. de 60 mailles chacun.

	Elargis- sures	Mailles ordinaires

2ᵉ Cylindre. — Moule de 0ᵐ015, même fil.

1ᵉʳ Tour.

Faire 20 fois de suite 1 élarg. et 3 m. ord........................... 20   60

Ce qui porte le nombre de mailles à   80

Faire ensuite 11 tours en m. ord. de 8) mailles chacun.

3ᵉ Cylindre. — Moule de 0ᵐ015 même fil.

1ᵉʳ Tour.

Faire 20 fois de suite 1 élarg. et 4 m. ord............................. 20   80

Ce qui porte le nombre de mailles à   100

Faire ensuite 11 tours en m. ord. de 100 mailles chacun.

Mais, comme ces trois cylindres, qui comportent 36 tours, ne représentent que les trois quarts de la profondeur qui doit être composée de 50 tours, il nous en reste 14 à faire, dont :

4ᵉ Cylindre. — Même moule et même fil.

Faire 12 tours de 100 mailles chacun...   »   1200

5ᵉ Cylindre. — Même moule avec fil à 4 brins.

Faire 2 tours en fil à 4 brins, de 100 mailles chacun et sur lesquels, sera montée l'épuisette.................   »   200

Ce filet ainsi terminé sera composé de 1 nappe carrée, de 5 cylindres formant 50 tours comprenant eux-mêmes 4444 mailles avec celles de la nappe carrée, et on le complètera ainsi qu'il est dit à l'article monter l'Epuisette, page 263.

Nota : Si on veut garantir d'une prompte usure, le dernier tour en gros fil que la rouille (*toujours engendrée par l'humidité sur le cercle en fil de fer de la monture de l'épuisette*), attaquera indubitablement, on peut nouer à chaque maille de ce tour un petit anneau en cuivre, d'un centimètre de diamètre environ, dans lequel on passera le cercle de la monture au lieu de le faire passer dans chaque maille du dernier tour en gros fil mais alors, ce dernier tour de mailles, sera tissé avec un moule du double de grosseur à celui employé dans la fabrication de l'épuisette et l'anneau en cuivre sera noué à chaque maille de la manière suivante :

On passe la maille AA dans l'anneau B (fig. 62),

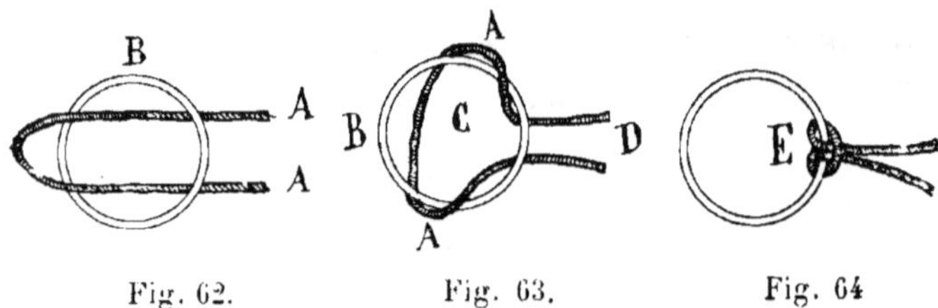

Fig. 62.   Fig. 63.   Fig. 64

puis on écarte la maille AA pour faire rentrer l'anneau B dans la boucle C, formée par la maille écar-

tée comme l'indique la fig. 63 et on tire sur le pied
de la maille en D (fig. 63) pour serrer fortement la
maille, sur l'anneau, par un nœud qui le maintient
solidement attaché à la maille comme en E (fig. 64).

Du montage de La Truble ou Trouble et manière d'y pêcher.

Les Trubles ou Troubles (fig. 65), qui portent encore différents noms, suivant les localités, quelques
soient leurs dimensions, se montent toujours sur une
courbe **AB**, faite, autant que possible, en bois de
saule marceau et dont la grosseur est proportionnée
à la dimension du filet ; les deux morceaux, dont est
composée cette courbe, sont assemblés comme les
courbes d'un échiquier (fig. 49) page 178.

Le nombre des mailles de la circonférence étant
connu, on le multiplie par la diagonale de la maille
et, la longueur trouvée, représentant non seulement
celle de la courbe mais encore celle du diamètre en
corde placée au bas de la courbe B.A, on partage les
longueurs de manière que la distance de C à D, appelée flèche, entre le milieu de la courbe et le diamètre en corde, soit d'environ 1 mètre. En général,
on donne aux petites trubles n'ayant que 1ᵐ50 de
diamètre, une flèche de 75 à 80 centimètres, aux
trubles de 2 m. de diamètre on donnera 1 mètre de

flèche et à celles ayant 3 à 5 mètres de diamètre on
donnera 1ᵐ50 à 2 mètres de flèche.

La courbe ainsi préparée, on y coud, en surjet, le
premier tour en gros fil de la circonférence, aussi
bien sur la courbe que sur la corde du diamètre.
avec du fil aussi gros que celui avec lequel ce tour de
mailles a été tissé, puis on assujettit, sur la courbe,
une fourche EEE dont les deux branches sont légè-

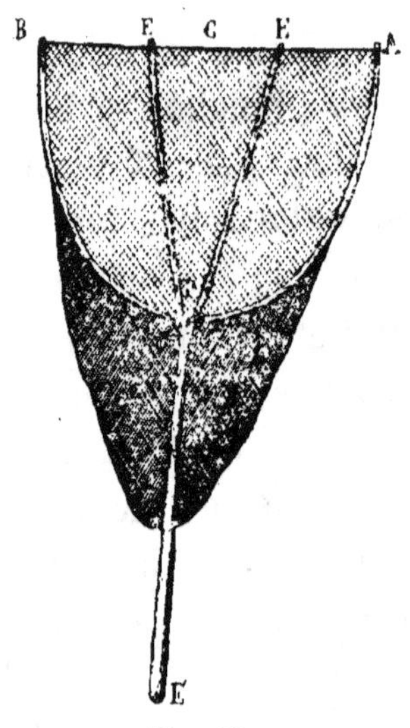

Fig. 65.

rement plus longues que la flèche et dont la longueur totale, y compris le manche, est de 4 à 5 mètres ; fourche, dont les extrémités des branches sont
attachées solidement *au diamètre en corde* en EE

et la partie supérieure *à la courbe,* en D au moyen
d'une ficelle de moyenne grosseur. La Truble se
trouve ainsi montée.

On fait la pêche à la truble de plusieurs manières.

1° Lorsque les eaux sont troublées par une crue
et que le poisson s'approche des rives où le courant
est moins rapide, le pêcheur projète son filet aussi
loin qu'il peut devant lui, l'enfonce en le maintenant
au fond pour l'attirer à lui vers la rive, le sortir de
l'eau, en retirer le poisson prisonnier et jeter un autre coup un peu plus loin, mais toujours en remontant le courant de la rivière. On pêche aussi très
fructueusement sur les parties basses des prairies
envahies par les eaux où on prend toujours beaucoup de petits poissons qui recherchent ces endroits
et souvent aussi, de la perche et du brochet qui viennent y chasser.

2° Pour pêcher de cette seconde manière, il faut
être au moins deux pêcheurs et mieux encore, trois.
Celui qui porte le filet le place à l'eau, soit vis-à-vis
des racines d'arbres, comme il s'en rencontre souvent sur les rives de certains cours d'eau, soit contre des touffes d'herbes ou de roseaux, soit contre
tout autre endroit de la rive où on suppose des remises à poisson et il le maintient au fond et bien
parallèlement à l'endroit que l'on désire bloquer. Les
deux autres pêcheurs munis d'une bouloir (*longue
perche à l'extrémité de laquelle est clouée une plan-*

chette ou mieux encore, à cause de sa flexibilité, une semelle de vieille chaussure) battent l'eau, à droite et à gauche de la truble, en dirigeant les coups de bouloir vers l'entrée du filet pour y chasser le poisson ; le pêcheur qui tient la truble saisit le moment, où les derniers coups de bouloir sont donnés contre le filet, pour relever promptement celui-ci, et en retirer le poisson qui s'y trouve pris.

3° Cette troisième manière de pêcher à la truble demande aussi deux pêcheurs et ne se pratique que dans la saison des chaleurs et sur des endroits guéables. Le pêcheur qui porte la truble reste sur la rive et place son filet, l'orifice tournée à l'amont du courant, en travers et le plus près possible de la rive ; l'autre pêcheur se met à l'eau à 15 ou 20 mètres plus haut que l'endroit où le filet est posé et, à l'aide de la bouloir, il bat fortement sous les racines, dans les roseaux et dans tous les endroits où le poisson peut se tenir caché, en descendant vers le premier pêcheur qui, lorsqu'il est rejoint par son camarade, relève le filet, en retire le poisson et recommence un nouveau coup à quelques mètres plus haut que l'endroit où le 2ᵉ pêcheur s'est mis à l'eau pour déloger le poisson de ses remises.

Ces trois pêches, que nous venons d'indiquer, ne se pratiquent généralement qu'à l'aide de trubles dont le poids permet de les manœuvrer facilement de la rive et, ayant de 1ᵐ50 à 2 mètres de diamètre à la corde ; avec celles qui sont plus lourdes et, ayant de

3 à 5 mètres de diamètre à la corde, on ne peut pêcher qu'à l'aide d'un bateau et il faut être au moins
trois pêcheurs pour cette pêche qui se fait de la
même manière que celle détaillée au n° 3, deux des
pêcheurs se chargeant de manœuvrer le bateau et de
battre l'eau dans les trous ou crônes que les grandes eaux creusent sous les rives et qui servent toujours de refuge aux gros poissons, le troisième ne
s'occupant que de son filet qu'il pose à l'eau, l'y maintient, le relève pour en retirer le poisson, en ayant
soin toutefois de placer une pierre dans le fond de
la poche de la truble pour empêcher le filet d'être
replié par le courant si celui-ci est quelque peu sensible.

C'est surtout dans les crônes, dans les remises
formées par l'enchevêtrement des racines d'arbres
ou de plantes, dans les herbes ou les roseaux, dans
les pilotis des ponts, sous les tapis des déversoirs et
dans tous les endroits favorables à la remise du poisson qu'il faut pêcher avec les grandes trubles parce
qu'on a beaucoup de chance pour y faire de belles
captures en barbeaux, chevesnes, carpes, brèmes et
brochets.

Du montage du Bouteux, et manière d'y pêcher.

Le bouteux a la même forme que la truble et on
ne lui donne jamais moins de 2^m50 à 3 mètres de dia-

mètre à l'entrée ; il diffère de la truble, dans le montage, en ce que le cerceau qui, dans la truble, est
relié dans le bas, à ses deux extrémités, par une
corde, l'est, dans le bouteux, par une traverse en
bois taillée en chanfrein : (AA, fig. 66) ; en outre, au
lieu d'une fourche, comme dans la truble, c'est une
simple perche qui maintient le filet, dont l'extrémité
inférieure B, est clouée ou assemblée par un tenon
dans la traverse en bois et, à laquelle perche, on

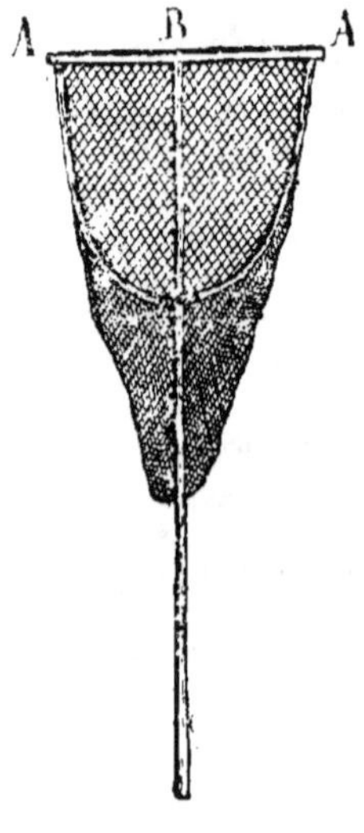

Fig. 66.

donne de 2 mètres à 2 m. 50 de longueur. Ce genre
de filet est utile pour la pêche dans les étangs ou
dans toute eau dormante encombrée par les herbes

que la tringle en bois permet de coucher pour en
déloger les poissons qui s'y cachent.

Du montage des Puisettes ou Epuisettes.

Il se fait deux espèces d'*épuisettes* l'une montée sur
un cercle de fort fil de fer et emmanchée par une
douille de métal à un manche en roseau ou en autre
bois léger ; l'autre est montée sur une demi circonférence en bois avec un diamètre en corde et sans
manche pour la manœuvrer.

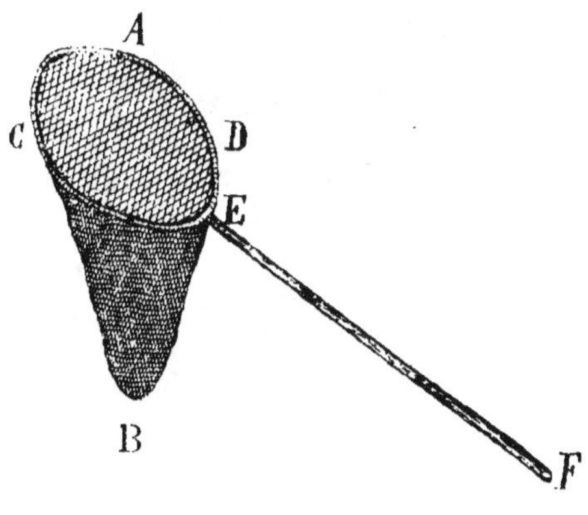

Fig. 67.

Dans la première forme d'épuisette et dont nous
avons indiqué la fabrication page 254, ce filet (fig.
67) aura 60 centimètres de profondeur AB et 40
centimètres de diamètre à l'ouverture, de C à D, le

manche, fait en roseau ou en bois léger mais non
flexible, aura de 2 à 5 mètres de longueur de E à F,
suivant les endroits où on est appelé à pêcher à la
ligne car, c'est principalement à cette pêche que ce
petit filet est indispensable pour envelopper le poisson qui, lorsqu'il est trop fort pour être enlevé,
comme un goujon, au bout de l'hameçon, a besoin
d'être noyé et fatigué puis amené à portée de l'é-
puisette qui l'enlève hors de l'eau et le dépose
sur le pré sans crainte de voir le captif emporter la
ligne brisée par ses coups de défense et de résistance.

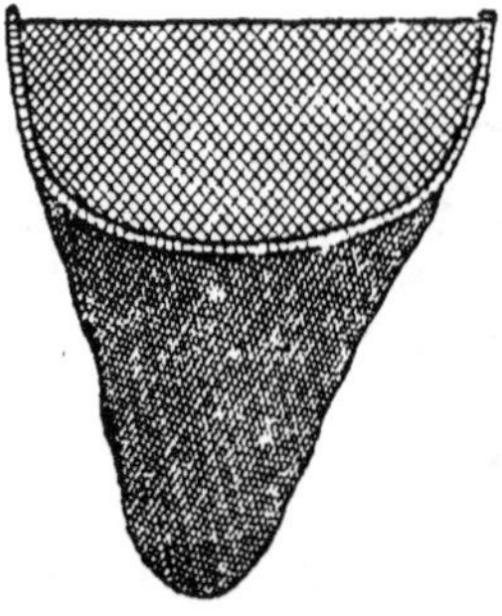

Fig. 68.

Dans la deuxième forme d'épuisette (fig. 68), le
filet aura la même profondeur mais jamais moins de
60 centimètres de diamètre ; il sert à s'emparer des
poissons déjà capturés et renfermés dans les bouti-
ques, tonneaux ou autres réservoirs, dans lesquels
le pêcheur peut conserver le poisson vivant.

De la Senne.

Presque tous les auteurs ayant traité de la pêche aux filets disent, en parlant de *la Senne*, que ce grand engin de pêche est *toujours* un filet *en nappe simple* ayant plus de longueur que de chute ; nous ne sommes pas de cet avis et nous dirons que ce genre de filet, pour bien pêcher et capturer sûrement le poisson doit, au contraire, être *toujours composé de trois parties bien distinctes* (fig. 69). Une poche ou chausse A formant le milieu du filet et deux nappes ou bras BB, reliés à cette poche sur les côtés de sa circonférence.

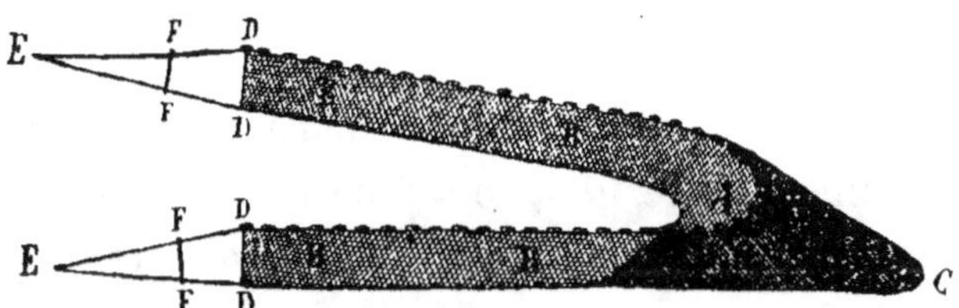

Fig. 69.

On donne à la Senne une longueur de nappés proportionnée à l'étendue des eaux dans lesquelles on est appeler à pêcher mais en général, dans les fleuves, dans les grandes rivières ainsi que dans les grands étangs, et à la mer, on emploie des sennes ayant 50 à 60 mètres de longueur de nappes, sans compter le diamètre de la poche, sur 3 mètres de hauteur et la maille aura 0ᵐ031, grandeur de mailles dont il n'est pas permis de s'écarter et qui est prescrite par les règlements et arrêtés sur la pêche.

Fabrication d'une Senne à la maille de 0m,031.

Nous prendrons comme type une Senne ayant 27 mètres de longueur à chaque bras, sur 3 mètres de hauteur, avec poche ayant 6 mètres de profondeur, de A à C (fig. 69), sur 18 mètres de circonférence ou 6 mètres de diamètre à l'ouverture, en A.

Moule de 0ᵐ031 et fil à 3 brins très fort. On commence le filet sur 20 mailles et on fait 40 tours pour obtenir une nappe carrée de 80 mailles de pourtour.

Cette nappe faite, on enlève la ficelle sur laquelle a été commencé le filet, on fait, en tirant dessus, glisser les nœuds des mailles du premier tour, puis on passe de nouveau une ficelle dans la 3ᵐᵉ maille sur tout le pourtour de cette nappe, en n'oubliant pas de laisser un fil courant ainsi qu'il est dit page 47. pour les filets cylindriques.

On fait 164 tours sur lesquels on élargira de 328 mailles, c'est-à-dire qu'on fera 2 élargissures sur chaque tour et à quelque endroit que ce soit du tour, en veillant toutefois à ce que ces deux élargissures ne soient pas faites (*dans chaque tour*) en face des élargissures du tour précédent. Ces 328 élargissures, ajoutées aux 80 mailles du pourtour de la nappe carrée, donneront 408 mailles au 164me tour et la dimension exacte des trois-quarts de la profondeur de la poche puis, on continuera en faisant le quatrième quart de la profodeur, par 108 tours, *sans élargir*, et on aura ainsi obtenu une poche ou chausse ayant 6 mètres de profondeur de l'ouverture à la queue, sur 18 mètres 20 de circonférence à l'ouverture.

La poche terminée, on reprendra le filet à une maille quelconque de sa circonférence et on fera une première nappe ou bras, par 612 tours de 68 mailles chacun puis, pour faire l'autre nappe ou bras, on comptera sur la circonférence de la poche et à partir du point où a été faite la première maille de la première nappe, 135 mailles et, à la 136me maille, on commencera la seconde nappe qui devra, comme la première, avoir en longueur 612 tours de 68 mailles chacun.

Cette senne se trouvera ainsi terminée et comprendra, dans son ensemble, 1,536 tours et 141.544 mailles.

Nous avons donné ici les indications nécessaires à la confection d'une senne de très grande dimension mais, on pourra obtenir un filet moins long, en retranchant d'autant de tours qu'on désirera diminuer la longueur de chaque nappe ou bras mais, en leur conservant toujours la même hauteur (3 mètres) et en conservant aussi à la poche ou chausse, 6 mètres de profondeur sur 6 mètres de diamètre à l'ouverture.

Du montage de la Senne.

Pour monter ce filet, on prend deux cordes d'environ 15 à 18 millimètres de diamètre et ayant chacune 75 à 80 mètres de longueur ; on enfile l'une dans 100 ou 110 morceaux de liège, troués au centre pour le passage de la corde et représentant chacun un petit carré d'environ 10 à 12 centimètres de côté sur 3 centimètres d'épaisseur ; on attache cette corde sur un des bords du filet (*nappes et poche comprises*) par une couture faite, au point de surjet, à chaque maille, sur la corde, avec un fort fil à 4 brins et en ayant soin de fixer très solidement un morceau de liège à la première maille et de douze en douze mailles jusqu'à la dernière, à laquelle sera fixée aussi un morceau de liège. En faisant cette opération d'attache de la corde de bordure et des lièges, on aura soin de laisser, à chaque extrémité de l'un et de l'autre des deux bras, une longueur de corde libre de 4 mètres à 4 mètres 50 (de D à E fig. 69).

La corde des lièges étant cousue au filet, on coudra, de la même manière, au point de surjet, sur le bord opposé de la nappe ou bras, l'autre corde, de

même dimension, et à laquelle on laissera, comme
il a été fait sur la corde des lièges, à chaque extrémité de l'un et de l'autre des deux bras, une longueur de corde libre de 4 mètres à 4 mètres 50, de
D à E (fig. 69).

Ce côté de bordure des bras sera lesté avec des
pierres ou des morceaux de plomb attachés de distance en distance, comme les lièges, mais seulement
au moment de pêcher et au moyen de petites
ficelles qui les traversent. On emploie généralement les pierres, de préférence au plomb,
parce qu'il s'en détache souvent pendant la pêche et que la perte des morceaux de plomb est
de beaucoup plus onéreuse que la perte des pierres. On se procure, autant que possible, des pierres calcaires ou des morceaux de briques de la
grosseur d'un œuf de dindon, on les perce, au
quart ou au tiers de leur longueur, d'un petit
trou dans lequel on passe une ficelle qu'on
noue fortement sur la pierre en y laissant deux
bouts assez longs pour permettre d'attacher par
un nœud dit: *nœud de rosette*, chaque pierre à
la corde de la nappe au moment de pêcher. On dé-
termine le nombre de pierres dont devra être lesté
le filet, d'après leur poids, mais toujours de telle
sorte que le poids total soit suffisant pour faire en-
foncer les lièges dans les eaux ayant plus de 3 mètres de profondeur et pour que la corde, qui porte
ces pierres, traîne toujours sur le fond de la rivière.

On détache toujours les pierres après la pêche faite, parce qu'elles seraient gênantes pour le lavage et le séchage du filet.

La senne étant ainsi pourvue de ses lièges et de ses pierres, on placera, à 2 mètres de chaque extrémité des deux nappes, un solide bâton de 1 mètre à 1 mètre 50 de longueur, en le fixant dans chaque bout de corde restée libre, en FF (fig. 69), (*comme cela se pratique pour les bâtons dans les attelages des chevaux de traits*), pour empêcher les cordes de se rapprocher quand on hale sur le filet et on réunit les deux bouts des cordes en les nouant ensemble en E (fig. 69) puis on adaptera, sur ces cordes, deux ou trois bricoles de diverses longueurs que les hommes se passeront en écharpe pour traîner le filet plus commodément et avec moins de fatigue.

De la pêche à la Senne.

Pour pêcher *à la senne* on se sert d'un bateau sans lequel on serait souvent très embarrassé et, il faut être au moins 6 pêcheurs, quatre pour haler sur le filet et deux pour diriger le bateau pendant la pêche.

On prépare le filet en le pliant sur un des bords du bateau et on fait choix, autant que possible, sur l'une ou l'autre rive de l'eau où l'on pêche, d'un endroit, en pente régulière et douce, où on puisse y rassembler et y tirer facilement le filet à terre.

Quatre des pêcheurs montent dans la nacelle pendant que les deux autres restent à terre avec un des bras du filet.

Deux des hommes qui sont dans le bateau le dirigent vers la rive opposée pendant que les deux autres jettent le filet à l'eau, en le dépliant, avec attention pour qu'il ne s'accroche pas au bord du bateau.

Quand la nacelle a gagné la rive opposée, quatre des pêcheurs, deux descendus du bateau et les deux qui sont restés sur l'autre rive, se passent chacun une bricolle en écharpe, halent sur chaque bras du filet et le traînent, en remontant la rivière, pendant que les deux pêcheurs qui sont restés dans le bateau se sont placés derrière le filet, pour en suivre les mouvements, s'assurer qu'il marche bien et que rien ne le dérange, ou pour le décrocher s'il venait à être arrêté par une racine, une grosse pierre ou par toute autre chose, enfin pour veiller et remédier aux accidents qui pourraient se présenter pendant la marche du filet.

Quand le filet a été traîné pendant un certain temps, les deux pêcheurs qui sont descendus du bateau y remontent en gardant le bras du filet sur lequel ils ont halé et ils repassent sur l'autre rive, le bateau décrivant une ligne circulaire que suit le filet, pour rejoindre les deux autres pêcheurs restés sur la rive où le filet doit être tiré de l'eau.

Il faut avoir soin, quand on tire le filet de l'eau, de le tirer également sur chaque bras de manière que tout le poisson se rende dans la poche, mais on doit dire, que malgré cette précaution, il arrive toujours qu'il y a des poissons de pris par les ouies dans les mailles et d'autres arrêtés dans les plis que forment souvent les bras du filet quand on le tire à terre.

Nous avons oublié de dire qu'il est toujours utile d'être muni de bouloirs pour battre les rives, dans les crônes, afin d'en déloger le poisson qui s'y cache et le pousser dans le filet; cette opération est toujours faite de préférence à l'aide du bateau et par les pêcheurs qui le montent.

Si le nombre d'hommes nécessaire à la manœuvre de la senne, telle que nous venons de l'indiquer, faisait défaut, on y remédierait en amarrant un des bras du filet à un piquet, à un arbre ou à tout autre objet, sur la rive, au point où le filet doit être tiré de l'eau et en faisant porter, l'autre bras, par le bateau qui fera décrire, au filet, la courbe voulue et ramènera le bras qu'il a emporté à terre, à l'endroit où l'autre est attaché sur la rive; de cette façon on pêche moins d'espace que lorsqu'on traîne le filet, pendant un certain temps, sur les deux rives mais, on en sera quitte en renouvelant plus souvent les coups de pêche.

Du Tramail.

Ce filet tire son nom de ce qu'il est composé de trois nappes de mailles, (*trois mailles*) superposées

les unes aux autres, les deux nappes extérieures, qui
se nomment *aumées*, sont faites en mailles carrées
assez grandes pour laisser facilement passer le poisson que l'on est appelé à rencontrer dans les eaux
où l'on pêche, la nappe intérieure, qui se nomme
toile ou flue, est faite en mailles en losange assez
petites pour empêcher le poisson de les traverser et,
comme cette toile doit former des poches ou bourses, à travers les mailles de l'aumée opposée, où le
poisson vient s'embarrasser et s'emprisonner, elle
se fait généralement une fois et demie plus longue
et plus large que les aumées. Ce genre de filet se
fait de toutes dimensions, suivant les cours d'eau où
l'on est appelé à s'en servir (fig. 70).

Fabrication d'un Tramail.

Nous allons supposer un Tramail de moyenne
grandeur et ayant 16 mètres de long de A à A et de B
à B sur 4 mètres de large de A à B, aux aumées.
(fig. 70).

On fera d'abord une des deux aumées à mailles
carrées de 0^m15 c. de côté, en fil à quatre brins, très
fort et bien tordu.

Pour tisser les mailles des aumées, trop grandes
pour être nouées sur un moule cylindrique qui serait
lui-même trop volumineux et trop embarrassant dans
les mains de l'ouvrier, on se servira d'une planchette

en bois de hêtre, ayant, en portour, deux fois le côté
de la maille plus 3 ou 4 millimètres pour le nœud,
suivant que le fil employé sera plus ou moins gros.

On commencera cette aumée par une maille et on

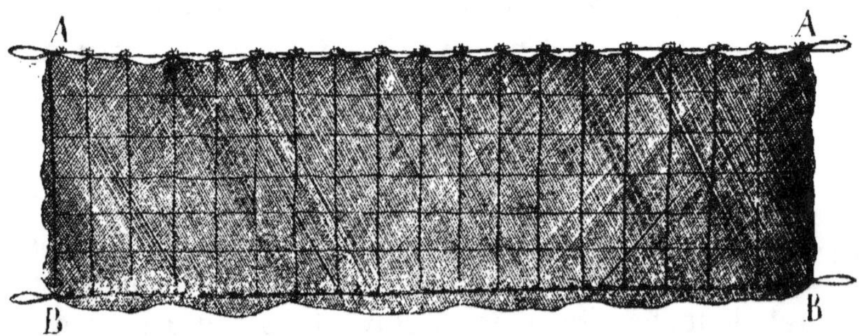

Fig. 70.

continuera en élargissant d'une maille à chaque tour,
comme il est dit à l'article : *filets à mailles carrées*
page 39 jusqu'à ce qu'on ait obtenu un triangle de 27
mailles sur chaque côté droit, de A à B (fig. 71), on
fait ensuite un parallélogramme de 80 tours de longueur de B à C, en se conformant, pour tisser ce parallélogramme, à ce qui a été dit pour la fabrication
des filets à mailles carrées, page 41 et on termine
cette nappe par un triangle de C à D, semblable à celui par lequel on l'a commencée mais cette fois, en
étrécissant d'une maille à chaque tour pour finir par
une seule maille en D, comme il est dit pour les filets
à mailles carrées page 40 et obtenir ainsi une nappe,
faite en mailles qui seront exactement carrées, lors-

qu'elle sera tendue et montée sur sa corde de pourtour.

Cette première aumée ainsi tissée, on en fera une seconde exactement semblable.

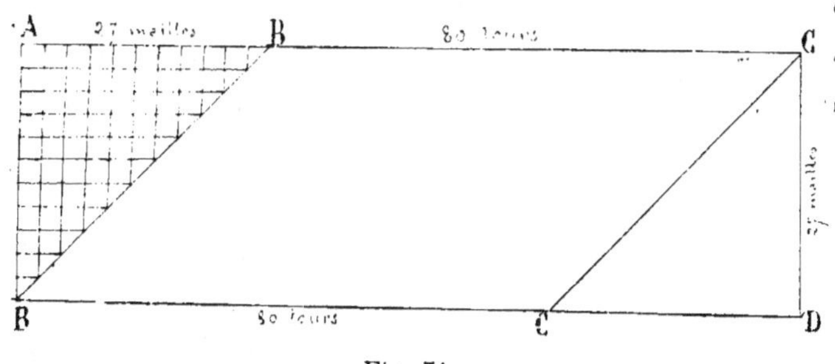

Fig. 71.

On passera ensuite à la nappe intérieure dite toile ou flue, qui sera faite en mailles en losange et à la maille de 0^m24, en fil à 3 brins, très fin.

On donnera à cette nappe 10 mètres de largeur sur 40 mètres de longueur, c'est-à-dire deux fois et demie la dimension donnée aux aumées ; on la commencera sur 286 mailles et on fera, 1,144 tours qui la composeront de 327,184 mailles.

Du montage du tramail.

Pour assembler ces trois nappes, on choisit une place unie sur le sol, soit par exemple, dans une prairie fraîchement coupée. On déploie l'une des aumées, qu'on tend régulièrement par les quatre

coins, au moyen de petits piquets auxquels sera re-
tenue chaque maille d'angle puis, on passe une ficelle, d'environ 5 ou 6 millimètres de diamètre, dans
toutes les mailles formant le pourtour de la flue ou
nappe intérieure, on place cette nappe sur l'aumée
tendue à terre et on en distribue les plis sur la ficelle, le plus régulièrement possible, afin qu'elle
fronce uniformément sur toute l'étendue de l'aumée;
On place ensuite sur la flue, la seconde aumée que
l'on tend, comme la première, au moyen des piquets
et on coud les trois nappes ensemble, avec du fil
bien retors, par un nœud de surjet fait à chaque
maille correspondante des aumées et en ayant soin
de prendre, entre elles, les mailles de la flue et de
former, avec la corde, à chaque angle du filet, une
bouclette de 2 à 3 centimètres de diamètre intérieur,
en AA et BB (fig. 70°), bouclettes qui servent à manœuvrer le filet.

On garnit ensuite l'un ou l'autre des deux côtés
longitudinaux, qui prend le nom de tête du tramail,
avec des petits carrés de liège, exactement semblables, en largeur et en épaisseur, à ceux employés
pour garnir les bras de la Senne, page 268, attachés
sur la corde de tête, à égale distance les uns des
autres, soit de 20 en 20 centimètres environ et on
leste, l'autre côté longitudinal, appelé pied du tramail, avec des pierres semblables à celles employées
pour lester les bras de la Senne, page 269, et qui seront attachées sur la corde du pied du Tramail, de

distance en distance, comme l'ont été les lièges sur la corde de tête. On peut encore, pour lester le tramail, employer des balles de plomb comme pour un épervier et on les fixera, à la corde, de la même manière que nous l'avons indiqué pour la plombée de l'épervier, et distancées les unes des autres de 10 centimètres environ.

Nous venons d'indiquer la manière de faire un tramail de 16 mètres de long sur 4 mètres de large mais, on peut en augmenter ou en diminuer les dimensions, suivant les cours d'eau dans lesquels on est appelé à pêcher, en conservant toujours la grandeur des mailles indiquées, soit de 0^m15 centimètres de côté pour les aumées et de 0^m024 pour la toile on flue.

De la pêche au tramail.

La pêche *au Tramail*, dans les fleuves et dans les rivières, se fait de la même manière et suivant la largeur du cours d'eau, avec ou sans bateau.

Dans les fleuves ainsi que dans les grandes rivières, trois bateaux sont nécessaires ; deux pour soutenir, à chacune de ses extrémités, le filet tendu perpendiculairement dans l'eau et soutenu par les lièges, afin de barrer ainsi une partie de la rivière égale à la longueur du filet, l'autre bateau servira aux pêcheurs pour, à l'aide de bouloirs, battre la rivière

au milieu et sur ses bords, en déloger le poisson et
le faire fuir vers le tramail où il passe facilement à
travers les grandes mailles des aumées pour rencontrer la nappe flottante de la flue qui cède sous la
pression et forme une poche ou bourse, à travers
une des mailles de l'aumée opposée et, dans laquelle
il reste complètement empêtré et emprisonné.

Dans les petites rivières et quand le tramail est
assez long pour en barrer entièrement le cours, on
ne se sert pas de bateau ; on attache chacune des
deux extrémités du filet, contre chaque rive et, les
pêcheurs, remontant la rivière à 100 ou 150 mètres
de l'endroit où le filet est tendu, battent les berges
au moyen des bouloirs pour faire fuir les poissons
vers le tramail. On emploie également le tramail
pour entourer les abords des crônes, sous les racines, sous les berges et autour de tout endroit qui,
servant de remise au poisson, peut être enveloppé
par le filet et où le bouloir peut remplir son office
en en délogeant les poissons qui s'y cachent.

Des poches ou filets pour le transport du poisson.

Quoique ces filets ne soient pas classés parmi les
engins de pêche nous en indiquerons la fabrication,
notre traité devant, aussi bien démontrer la manière
de tisser les filets pour transporter le poisson, que
ceux destinés à le capturer.

Ces filets se font de trois modèles et presque tou-
jours à la maille, soit de 0^m009, soit de 0^m015, soit
de 0^m02, soit encore de 0^m03 mais rarement à une
maille plus grande.

Fabrication de deux modèles de poches en forme
de sac.

Pour exécuter le premier modèle on commence le
filet sur 30, 40 ou 50 mailles, suivant la largeur
qu'on désire donner à l'ouverture de la poche, au
moule choisi et avec du fil à 3 brins, très fin.

On laisse un fil courant comme il est indiqué pour
les filets cylindriques page 47, et on fait autant de
tours qu'il convient pour donner au filet la profondeur désirée, en élargissant successivement à chaque tour, du nombre de mailles voulues, pour que la
largeur soit en rapport avec la profondeur, mais en
veillant à ce que le dernier tour contienne toujours
un nombre pair de mailles afin de pouvoir, sur ce
dernier tour, fermer le filet par le bas au moyen
d'une couture exécutée de la manière suivante :

On se sert du même moule mais, en faisant la
maille, on prend avec la navette deux mailles à la
fois, *non deux mailles se suivant* comme cela se fait
pour exécuter une étrécissure, mais deux mailles se
correspondant exactement dans le tour, *le filet plié
en deux.*

Il existe aussi une autre manière de fermer le filet
et qui a, sur la précédente, l'avantage de le fermer
par un tour de mailles ne formant pas couture et se
confondant avec les autres tours au point de ne
pouvoir distinguer comment le filet a été fermé.

Cette opération consiste, pour tisser ce tour de
fermeture, à se servir d'un moule *d'un diamètre trois
fois moindre* que le moule précédemment employé et,
(*en faisant la maille*), à prendre avec la navette, *non à
la fois* les deux mailles se correspondant exactement
dans le tour, comme cela a été fait pour fermer le filet
par couture mais, de faire la première maille de fermeture en prenant, la maille indiquée (Fig. 71 bis),
par le chiffre 1; de faire la seconde maille en pre-

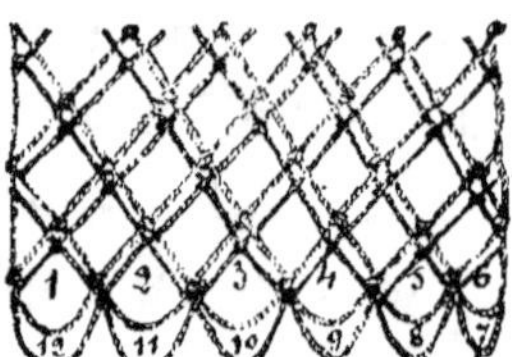

Fig. 71 bis

nant, avec la navette, la maille indiquée par le chiffre
12; de faire la troisième maille en prenant avec la
navette la maille indiquée par le chiffre 2; de faire
la quatrième maille en prenant avec la navette la
maille indiquée par le chiffre 11 et ainsi de suite jusqu'à la maille indiquée par le chiffre 7 et qui, dans
cette figure est la dernière maille du tour.

Le filet ainsi fermé par le bas, on le retire de la ficelle sur laquelle il a été commencé et, après avoir fait glisser les nœuds des demi mailles du premier tour, on fait de ce côté du filet (*côté de l'ouverture*) 2 tours de fil à 6 brins, le premier tour avec le même moule et le second avec un moule de double grosseur. C'est dans ce tour en mailles de double grandeur que sera psssée une ficelle assez forte et assez longue pour pouvoir, par glissement, ouvrir ou fermer facilement le filet. On peut aussi, pour faciliter le glissement des mailles sur la ficelle de fermeture de la poche, nouer à chaque maille un petit anneau en cuivre, du même diamètre, et de la même manière que nous l'avons indiqué pour la circonférence de l'épuisette, page 256.

On exécutera le second modèle, *en forme de poche*, comme le premier, avec du même fil à 3 brins, et très fin.

On commence le filet sur 10 mailles avec le moule de 0^m009 ; sur 15 mailles avec le moule de 0^m015 ; sur 20 mailles avec le moule de 0^m02 ; sur 25 mailles avec le moule de 0^m03 et on fait : dans le 1er cas, 20 tours pour obtenir une nappe carrée de 10 mailles de côté ; dans le 2e cas, 30 tours pour obtenir une nappe carrée de 15 mailles de côté ; dans le 3e cas, 40 tours pour obtenir une nappe carrée de 20 mailles de côté et dans le 4e cas, 50 tours pour obtenir une nappe carrée de 25 mailles de côté.

La nappe carrée terminée, on laisse un fil courant,

comme il est dit, page 47, pour les filets cylindriques et on fait autant de tours qu'il convient pour donner au filet la profondeur désirée, en élargissant successivement à chaque tour, du nombre de mailles voulues pour que la largeur soit en rapport avec la profondeur puis, arrivé aux dimensions désirées, on fait un tour au même moule en fil plus gros, à six brins, et un dernier tour, en même fil, mais avec un moule de double grosseur. C'est dans ce dernier tour que sera, comme dans le filet précédent, passée la ficelle destinée à fermer le filet et, à chaque maille duquel tour, on peut nouer aussi un petit anneau de cuivre comme nous l'avons indiqué pour la circonférence de l'épuisette, page 256.

Les deux modèles de poche dont nous venons de parler ne servent généralement qu'à transporter le poisson qu'on laisse mourir, hors de l'eau, après sa capture mais, beaucoup de pêcheurs à la ligne, qui désirent conserver leurs poissons vivants, surtout pour les employer comme amorces vives, se servent d'un filet, appelée bourriche (Fig. 72), maintenu ouvert, comme l'est un verveux, par trois petits cercles en osier ou en baleine, dans l'intérieur duquel les poissons peuvent nager à l'aise, et que l'on tient suspendu verticalement à l'eau, par une ficelle attachée, soit au bateau dans lequel se tient le pêcheur à la ligne, soit à une branche d'arbuste ou par tout autre moyen, sur la rive où il pêche.

Nous allons détailler la fabrication de ce troisième

modèle de filet destiné au transport du poisson et
tissé à une maille assez petite pour qu'il puisse contenir les plus petits poissons employés comme amorces vives.

De la bourriche.

A la maille de 0ᵐ009.

Avant de commencer le travail, on se reportera
page 47 (*filets cylindriques*) pour se conformer à ce

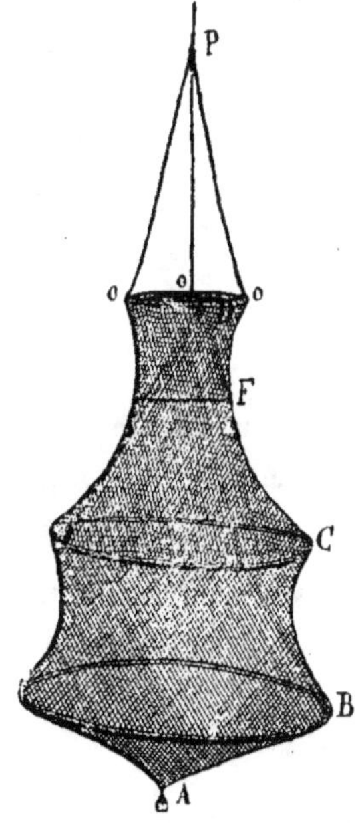

Fig. 72.

que nous y disons relativement à la réunion du fil

courant avec celui de la navette pour fermer chaque tour et, nous ajouterons que ce filet se fabrique avec du fil à 3 brins, très fin, pour le corps entier du filet, excepté pour les tours de mailles qui doivent recevoir les cercles et qui seront faits avec du fil plus fort et à 6 brins.

	Élargis- sures	Mailles ordinaires
1er Cylindre. — Moule de 0m,009 fil à 3 brins.		
Commencer le filet sur 22 mailles en se conformant à ce qui est dit page 47 (filets cylindriques) c'est-à-dire qu'on devra faire 21 mailles, la 22e se trouvant formée par la réunion du fil courant avec le fil de la navette..	»	22
Faire ensuite 2 tours en m. ord. et à chaque tour	»	22
2e Cylindre. — Même moule et même fil.		
1er Tour.		
Faire 22 fois de suite 1 élarg. et 1 m. ord. ce qui donne.	22	22
Ce qui porte le nombre de maille à :		44
Faire ensuite 2 tours en mailles ordinaires.		
3e Cylindre. — Même moule et même fil.		
1er Tour.		
Faire 22 fois de suite 1 élarg. et 2 m. ord., ce qui donne.	22	44
Ce qui porte le nombre de mailles à:		66

	Élargis- sures	Mailles ordinaires

Faire ensuite 2 tours en mailles ordinaires.

4e Cylindre. — Même moule et même fil.

1er Tour.

Faire 22 fois de suite 1 élarg. et 3 m.
ord., ce qui donne................ 22   66

Ce qui porte le nombre de mailles à: 88
Faire ensuite 2 tours en mailles ordinaires.

5e Cylindre. — Même moule et même fil.

1er Tour.

Faire 22 fois de suite 1 élarg. et 4 m.
ord., ce qui donne............... 22   88

Ce qui porte le nombre de mailles à: 110
Faire ensuite 2 tours en mailles ordinaires.

6e Cylindre. — Même moule et même fil.

1er Tour.

Faire 22 fois de suite 1 élargissure et
5 mailles ordinaires............... 22   110

Ce qui porte le nombre de mailles à: 132
Faire ensuite 12 tours en m. ordinaires.

Ces 28 tours faits (du 1er au 6e cylindre inclus) formeront la partie de la bourriche,
appelé le fond, de A à B fig. 72.

	Étrécis- sures	Mailles ordinaires

7e Cylindre. — Moule de 0^m,01 et fil à 6 brins.

> Faire 2 tours en fil à 6 brins, pour recevoir le premier petit cercle B fig. 72 et à chaque tour..................... »   132

8e Cylindre. — Moule de 0^m,009 et fil à 3 brins.

> Faire 18 tours en mailles ordinaires et à chaque tour..................... »   132

9e Cylindre. — Même moule et même fil.

1er Tour

> 1° Faire 10 fois de suite 1 étréc. et 11 m. ord., ce qui donne.............. 10   110
> 2° Faire 2 m. ord..................... »   2
>
> Totaux............ 10   112
>
> 122
>
> Ce qui porte le nombre de mailles à: Faire ensuite 17 tours en mailles ordinaires.

Ces 36 tours faits, du 8e au 9e cylindre inclus, formeront la partie de la bourriche appelée corps central de B à C fig. 72.

10e Cylindre. — Moule de 0^m,01, fil à 6 brins.

> Faire 2 tours en fil à 6 brins pour recevoir le 2e cercle, en C fig. 72 et à chaque tour............................. »   122

	Etrécis-sures	Mailles ordinaires

11ᵉ Cylindre. — Moule de $0^m,009$, fil à 3 brins.

Faire 17 tours en mailles ordinaires et à chaque tour...................... » 122

12ᵉ Cylindre. — Même moule et mê mefil.

1ᵉʳ Tour

1° Faire 17 fois de suite 1 étréc. et 5 m. ord., ce qui donne................. 17 85

2° Faire 3 m. ord..................... » 3

Totaux.............. 17 88

Ce qui porte le nombre de mailles à: 105

Faire ensuite 3 tours en mailles ordinaires.

13ᵉ Cylindre. — Même moule et même fil.

1ᵉʳ Tour

1° Faire 17 fois de suite un étréc. et 4 m. ord., ce qui donne................. 17 68

2° Faire 3 m. ord..................... » 3

Totaux.............. 17 71

Ce qui porte le nombre de mailles à: 88

Faire ensuite 3 tours en maillles ordinaires.

14ᵉ Cylindre. — Même moule et même fil.

1ᵉʳ Tour

1° Faire 17 fois de suite 1 étréc. et 3 m. ord., ce qui donne................. 17 54

2° Faire 3 m. ord..................... » 3

Totaux.............. 17 54

Ce qui porte le nombre de mailles à: 71

	Etrécis-sures	Mailles ordinaires

Faire ensuite 3 tours en mailles ordinaires.

15ᵉ Cylindre. — Même moule et même fil.

1ᵉʳ Tour

1° Faire 17 fois de suite 1 étréc. et 2 m.
ord.. ce qui donne.................. 17 — 34

2° Faire 3 m. ord................... » — 3

Totaux.............. 17 — 37

54

Ce qui porte le nombre de mailles à:
Faire ensuite 16 tours en mailles ordinaires.

16ᵉ Cylindre. — Moule de 0ᵐ,01 fil à 6
brins.

Faire 2 tours en fil à 6 brins pour recevoir le 3ᵉ cercle D fig. 72. beaucoup plus
petit en circonférence que les deux autres, et à chaque tour.............. » — 54

Ces 46 tours faits (du 11ᵉ au 16ᵉ cylindre
plus formeront la partie de la Bourriche, appelée entrée. de C à D, fig. 72).

On enlève ensuite la ficelle sur laquelle on a commencé le filet, on fait glisser les nœuds des mailles du
1ᵉʳ tour et on ferme la bourriche sur ce point (*centre
du fond* A, fig. 72) en passant une petite ficelle, dans
chaque maille, pour les serrer toutes ensemble en
nouant fortement cette ficelle à laquelle on attache

aussi une balle ou olive de plomb qui lestera le filet
à son extrémité inférieure et le maintiendra verticalement tendu dans l'eau.

Ce filet ainsi terminé sera composé de 16 cylindres, formant 116 tours et comprenant eux mêmes
11.912 mailles. On le complètera en le garnissant
(comme il a été dit pour les cerceaux des Verveux
page 230) de ses trois petits cercles faits, soit en osier,
soit en jonc dont se servent les vanniers pour le cannage des chaises, soit en baleine et dont les extrémités seront réunies, non en les introduisant dans
un morceau de sureau, comme on le fait pour les
cerceaux des Verveux, mais en les réunissant, après
leur introduction dans les mailles, par deux ligatures AA, (fig. 73), en fil de laiton, composées d'une ou
deux révolutions et arrêtées par une torsion faite à
l'aide d'une pince dite à bec de canne.

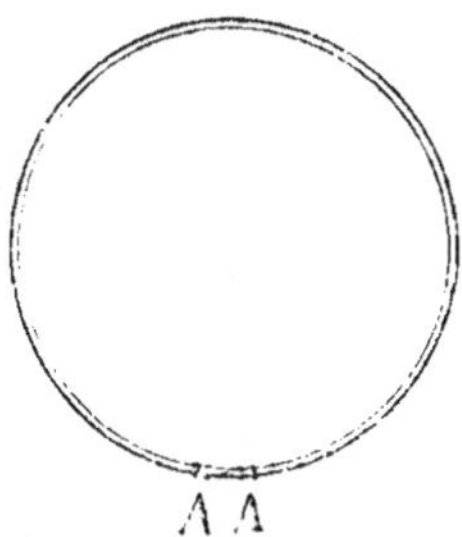

Fig. 73.

Il faudra, dans la monture de ces petits cercles,
veiller à ne pas trop tendre les mailles sur eux, sur-

tout sur celui de l'entrée D, (fig. 72) auquel on ne donnera jamais plus de 12 à 14 centîmètres de diamètre.

On achèvera de monter ce petit filet, en attachant à chaque tiers de la circonférence du cercle de l'entrée, en O.O.O, fig. 72 une ficelle de 20 à 25 centimètres de longueur, soit 3 ficelles que l'on réunit ensemble en les nouant par leurs extrémités en P, fig.72 à une autre ficelle de grosseur semblable et d'une longueur déterminée, suivant que la bourriche devra être suspendue dans l'eau, soit d'un bateau, soit de la rive de l'endroit où on pêche.

On peut, si on le veut, ne suspendre verticalement la bourriche dans l'eau, que jusqu'à la hauteur du cercle du milieu en C, (fig. 72) ce qui donne suffisamment, aux poissons prisonniers, l'espace nécessaire pour qu'ils puissent nager dans le filet sans se meurtrir ou s'accrocher aux mailles mais, si on désire submerger entièrement le filet, il faut prendre la précaution de fermer la partie la plus étroite de l'entrée en F (fig. 72), en la resserrant au moyen d'une ficelle passée dans le tour de mailles correspondant à ce point F et qui sera rattachée à la ficelle de suspension en P, de telle sorte que le filet se maintienne exactement fermé quand il est suspendu dans l'eau et que le goulet puisse se distendre quand on y introduit un poisson.

CHAPITRE IV

L'entretien des filets est, sans contredit, un des
points les plus importants pour le pêcheur et qui ne
doit jamais être négligé. Non seulement il est indispensable que les filets soient réparés aussitôt qu'il
y existe, ne serait-ce qu'une seule maille de déchirée, mais encore il faut, qu'au sortir de l'eau, après
chaque pêche, ils soient très soigneusement lavés,
nettoyés et séchés pour être ensuite placés dans un
endroit sec et à l'abri surtout, de la destruction des
rongeurs.

Du raccommodage des filets.

Beaucoup de pêcheurs au filet, savent faire la
maille, quelques-uns même savent tisser, plus ou moins
régulièrement, un filet neuf, mais la plupart igno-
rent comment on répare une déchirure et cependant
les accrocs ne sont pas rares à la pêche ; aussi, tout

pêcheur devrait savoir convenablement réparer un filet et ne jamais se rendre à la rivière sans être muni d'une navette suffisamment chargée de fil pour parer aux plus pressants besoins.

À la rivière, le pêcheur n'a pas toujours le temps de réparer régulièrement une déchirure comme il le ferait à la maison et, il se contente souvent de faufiler les parties déchirées, pour remettre la réparation régulière après la pêche, mais nous dirons que chaque fois qu'on en aura le temps et qu'il se présentera une réparation à faire, quelque peu d'importance qu'elle soit, il faudra toujours l'exécuter convenablement.

Pour mieux faire comprendre la manière d'exécuter une réparation nous allons supposer (fig. 74), une nappe de filet endommagée et présentant un trou au milieu de l'espace où les mailles, déchirées ou entièrement disparues, et qui doivent être remplacées par des neuves, sont indiquées par un pointillé.

Il faut, dès qu'on s'aperçoit d'une déchirure sérieuse, étendre convenablement la nappe, pour en reconnaître le dommage et s'assurer du nombre de tours de mailles atteints. Dans notre fig. 74 nous avons trois tours endommagées et 19 mailles atteintes ou entièrement détruites dont : en partant du haut de la déchirure, cinq sur le premier tour, de 1 à 5 ; cinq sur le second tour, de 6 à 10 ; quatre sur le troisième tour, de 11 à 14 ; trois sur le quatrième tour, de 15 à 17 ; et deux sur le cinquième tour, de 18 à 19.

Nous commencerons par, ce qu'on appelle, *couper le filet*, c'est-à-dire que nous augmenterons le trou

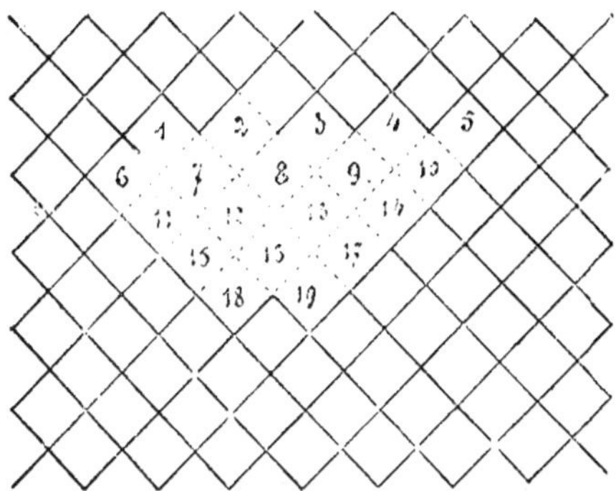

Fig. 74

en retranchant tout ce qui est endommagé et nous obtiendrons la fig. 75 dans laquelle on remarquera que

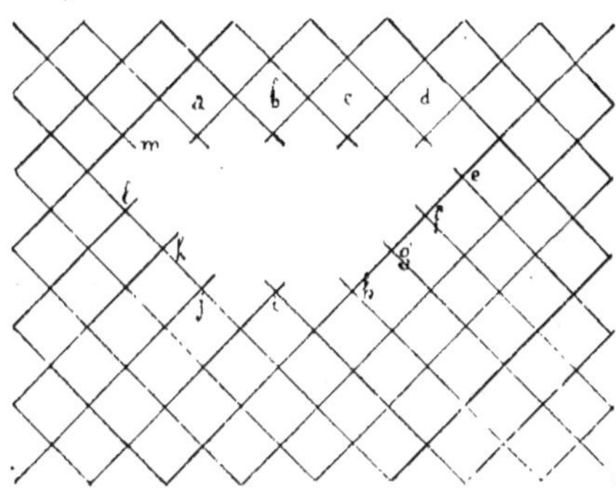

Fig. 75

tout ce qui était atteint par la déchirure, a été retranché et où les angles des mailles conservées sont indiquées par les lettres *a*, *b*, *c*, *d* et *i* pour celles auxquelles les deux branches sont coupées et par les lettres *e*, *f*, *g*, *h*, *j*, *k*, *l* et *m*, pour celles auxquelles une seule branche a été enlevée, de même qu'aux points *m*, *l*, *k*, et *j*, il existe une branche de maille qui aura été laissée assez longue pour que le fil de la navette, qui doit exécuter la réparation, puisse y être noué facilement et solidement.

Nous dirons qu'avant de commencer la réparation il faut, *autant que faire se peut*, enlever en les dénouant, les petites branches de fil qui forment les nœuds aux angles des mailles coupées, en *a*, *b*, *c*, *d* et *i* (fig. 75) afin d'éviter que, quand la maille est réparée, il ne se rencontre pas deux nœuds au même angle mais, nous devons ajouter, que cela n'est pas toujours facile surtout quand le filet est ancien et qu'il a été beaucoup à l'eau ; dans ce cas alors on est bien forcé de laisser subsister ces nœuds inutiles.

Contrairement à ce que disent certains auteurs, qu'il ne faut jamais employer le moule pour réparer un filet, nous dirons qu'au contraire, chaque fois qu'une déchirure aura fait disparaître plusieurs mailles sur le même tour, il faudra se servir du moule parce que la réparation se fait d'abord plus promptement et qu'ensuite les mailles nouvelles sont plus régulièrement tissées à l'aide d'un moule que par un nœud sur le pouce.

Ceci dit, nous attacherons le fil de la navette à la

branche de la maille laissée au point *m* (fig. 75) et nous ferons, (*en nous servant du moule, comme si nous tissions sur un filet neuf*), les mailles portant les n°s 1, 2, 3, 4 et 5, seulement, la maille n° 5 sera fermée au point *e* par un nœud fait sur le pouce en cet endroit et on coupera le fil de la navette pour le rattacher à la branche de la maille laissée au point *l*, puis nous ferons, (*toujours à l'aide du moule*) les mailles portant les n°s 6, 7, 8, 9 et 10 mais, cette dernière maille sera fermée au point *f* par un nœud sur le pouce ; on coupera de nouveau le fil de la navette pour le rattacher à la branche de maille laissée au point *k* et, (*encore avec le moule*), nous ferons les mailles portant les numéros 11, 12, 13 et 14 mais, cette dernière maille sera fermée au point *g* par un nœud sur le pouce ; on coupera encore le fil de la navette pour le rattacher à la branche de maille laissée au point *j* et nous fermerons, *mais cette fois sans employer le moule*, les mailles 15, 16, 17, par un nœud sur le pouce, au croisement de chaque maille nouvelle et en *n* en *o* et aux points *i* et *h*, où le fil de la navette, en ce point *h*, sera une dernière fois noué et coupé, la réparation du trou fait étant entièrement achevée.

Si, dans la déchirure à réparer, il existait des élargissures ou des étrécissures ou encore des portions de tours de mailles faits en plus gros fil, il faudrait les remplacer en se conformant aux parties voisines du filet, pour que ces mailles particulières soient exactement placées là où elles existaient avant le dégât.

Si, au lieu d'avoir à réparer une déchirure comprenant un certain nombre de tours de mailles, on a qu'une ou deux mailles voisines à refaire à neuf, il sera inutile d'employer le moule et, après avoir retranché les bouts endommagés, on fermera les mailles nouvelles par un nœud sur le pouce.

A cet effet, nous allons indiquer ce genre de nœud qui n'est employé que pour la réparation des filets.

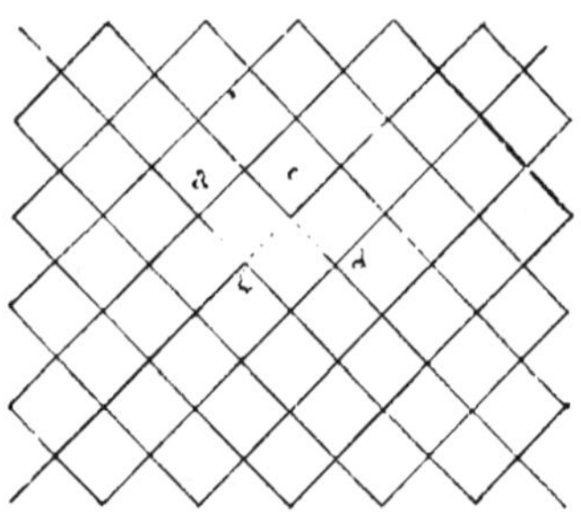

Fig. 76

Supposons que nous ayons 2 mailles de déchirées et représentées par un pointillé dans la fig. 76 en a, b, c, d, nous retrancherons ce qui a été endommagé en enlevant, si cela est possible, les anciens nœuds formés aux angles b et c, et en laissant aux points a et d, une branche de maille, courte au point d et assez longue au point a pour pouvoir y attacher le fil de la navette qui servira au raccommodage.

Après avoir noué le fil de la navette à la branche de maille laissée au point *a*, nous passerons la navette dans l'angle *b*, en donnant au fil de la navette la longueur exacte que doit avoir le côté de la maille de *a* à *b*, puis, pinçant ce fil et l'angle de la maille entre le pouce et l'index de la main gauche en *b* ; nous ferons décrire, au fil de la navette, un cercle de gauche à droite et, passant la navette *sous les deux fils pincés ensemble* nous la resaisirons et tirerons dessus pour serrer le nœud, comme nous l'avons fait et serré, *pour nouer une élargissure*, Figures 20 et 21 pages 34 et 35 ; ensuite, nous passerons la navette dans l'angle *c* en donnant, au fil de cette navette, la longueur exacte que doit avoir le côté de la maille, de *b* à *c*, puis, pinçant le fil et l'angle de la maille entre le pouce et l'index de la main gauche, en *c*, nous ferons décrire au fil de la navette, un cercle de gauche à droite, pour exécuter le nœud sur le pouce comme nous l'avons fait pour réparer le côté de la maille déchirée de *a* à *b* ; nous opérerons de la même manière pour réparer le côté de la maille, de *c* à *d*, mais après avoir fait le nœud sur le pouce, en *d*, *pour le consolider plus sûrement*, nous ferons, sur ce même nœud, un second nœud semblable, sur le pouce, bien serré contre le premier, avant de trancher le fil de la navette. Il en sera de même chaque fois que, dans une réparation *d'une seule ou de plusieurs mailles*, on fera le dernier nœud avant de trancher le fil de la navette.

Du lavage et du nettoyage des filets. -

Le lavage et le nettoyage sont deux opérations qui se font simultanément et desquelles dépend beaucoup la durée des filets, surtout pour ceux appelés, *comme les verveux, les louves, les échiquiers et les balances à écrevisses*, à séjourner dans l'eau pendant un temps plus ou moins long.

Chaque filet, demandant un lavage particulier, nous en traiterons séparément mais auparavant, nous dirons qu'il est nécessaire, pour le nettoyage, d'être pourvu d'une gaulette flexible, en coudrier ou en cornouiller, longue de 1 mètre environ, de la grosseur du petit doigt, et destinée, *dans presque tous les cas*, à frapper sur le filet pour en détacher et en faire tomber les corps étrangers, tels que les herbes, les chevelus de racines et autres impuretés qui se seront accrochées aux mailles pendant le séjour du filet dans l'eau.

De l'épervier. — La pêche terminée, on lave en entier le filet et principalement les bourses, dans un endroit non vaseux ; on le tord, on enlève toutes les impuretés qui pourraient s'y trouver puis on le fait sécher le plus promptement possible, en le tendant de la manière suivante.

On fixe à un mur et à une hauteur supérieure à la longueur de l'épervier, une petite poulie dans laquelle passe une corde deux fois plus longue que

celle de la coiffe du filet, on y attache la tête de l'é-
pervier que l'on hisse jusqu'à la poulie puis on fixe
de chaque côté, vers le bas du mur, à un clou à crochet, les bourses du filet, de manière que l'épervier,
étant tendu, forme l'éventail contre ce mur.

De l'échiquier. — Lorsqu'on cesse de pêcher, on
détache l'échiquier d'après les courbes, on le lave
bien en le frottant légèrement dans les mains comme
le ferait une lavandière d'un linge quelconque et, de
retour à la maison, on le tend sur une perche ou sur
une corde, au grenier ou dans tout autre endroit où
il pourra sécher promptement.

Si l'échiquier est installé à demeure, on le lave,
sans l'enlever d'après les courbes, en le plongeant
dans l'eau à plusieurs reprises, on le secoue fortement à la main pour faire tomber toutes les saletés
qui peuvent être restées accrochées aux mailles et
on le laisse sécher, suspendu à ses courbes.

L'échiquier installé à demeure, restant constam-
ment exposé à l'air et aux intempéries du temps, il
est indispensable de le remplacer par un autre échiquier tous les quinze jours ou toutes les trois semaines au plus.

Des balances à écrevisses. — La pêche terminée,
on enlève les appas qui, fixés au centre des balances,
n'ont pas été dévorés et, à l'aide des gaulettes qui
les supportent, elles sont plongées vigoureusement
et plusieurs fois à l'eau pour y être lavées et débar-
rassées de la vase dont elles s'imprègnent toujours

sur le fond de la rivière ; on les secoue, on les enlève d'après les gaulettes et, rentré au domicile, on les
attache par leurs ficelles de suspension, à une corde
tendue, jusqu'à ce qu'elles soient entièrement sé-
chées.

Des verveux, louves et vervotins. — Ces filets se
lavent tous de la même manière. Après les avoir re-
tirés de l'eau, comme ils sont toujours ou presque
toujours chargés de feuilles, de chevelus de racines,
d'herbes et d'autres impuretés chariées par les
eaux, on les secoue et même on les bat avec la gaulette si cela est nécessaire, ensuite on attache la
corde de la queue du filet à l'extrémité la moins
grosse d'une des deux perches qui ont servi à tendre le verveux à la rivière et on le plonge dans
l'eau, à plusieurs reprises, en baissant et en rele-
vant rapidement la perche, jusqu'à ce qu'il soit suffisamment lavé. On le bat de nouveau avec la gaulette
et, si cette opération est insuffisante, on retire, à la
main, toutes les saletés, sans exception, qui sont restées après les mailles et on rince à nouveau le filet
en le plongeant encore plusieurs fois dans l'eau.

Le lavage et le nettoyage terminés, on fiche en
terre l'extrémité pointue de la perche à laquelle la
queue du filet est attachée, on fiche, aussi en terre,
une autre perche, à la distance voulue pour que
l'entrée du verveux, y étant accrochée, le filet soit
bien tendu dans toute sa longueur et suspendu, éloi-
gné de terre, entre ces deux perches.

Si c'est une louve ou verveux à ailes qu'on doit faire sécher, après avoir lavé et rincé le filet comme il vient d'être expliqué pour les verveux simples et les vervotins, on suspend les deux ailes, chacune à une perche fichée en terre comme le corps du filet est lui-même suspendu entre deux autres perches.

Les verveux simples, les vervotins et les verveux à ailes, restant toujours longtemps sous l'eau (24 heures au moins) et exposés à ramasser toutes les impuretés que l'eau entraîne, leur lavage et leur nettoyage devra toujours être fait, patiemment et minutieusement, si on veut que ces filets ne se détériorent pas trop promptement.

Des trubles, bouteux et épuisettes. — Tous ces filets étant montés sur des courbes et fixés à des fourches ou à des perches en bois, il suffit de les plonger dans l'eau pour les laver et les rincer, de les battre à la gaulette pour les débarrasser des impuretés restées accrochées au mailles, de les secouer fortement pour faire partir le plus d'eau possible et de les placer contre un mur ou contre un arbre jusqu'à ce qu'ils soient complètement secs pour les rentrer ensuite dans un endroit quelconque à l'abri du grand air et de l'humidité.

De la Senne. — Ce filet, très grand, très lourd et devant être, après le séchage, replié sur lui-même en un amas volumineux, demande à être très minutieusement lavé et parfaitement séché.

Après la pêche faite, on choisit, sur la rive, un

endroit formant gué et à fond non vaseux ; on enlève
toutes les pierres qui lestent le filet, avant de le
mettre à l'eau pour le lavage. Le filet étant dans
l'eau, deux des pêcheurs s'y mettent aussi jusqu'à
hauteur des genoux, saisissant chacun un des bras,
l'un par la corde à laquelle sont fixés les lièges, l'autre par la corde où étaient attachées les pierres puis,
ils impriment au filet un mouvement de va et vient
par parties de la nappe pour, en remuant et secouant
fortement le filet dans l'eau, en faire sortir non seulement la vase mais encore toutes les saletés accrochées aux mailles. Ce premier lavage achevé, on
remet le filet à l'eau pour bien le rincer, puis ensuite
il faut le nettoyer en le battant à la gaulette afin d'en
faire sortir toutes les impuretés qu'on achèvera
d'enlever à la main si la gaulette était insuffisante.
Pour le séchage, on couche le filet sur une prairie si
c'est au soleil et par la belle saison, ou on le tend sur
des cordes, dans un grenier, si c'est pendant la saison pluvieuse. Il est inutile d'ajouter que, ce filet
demandant plus de temps à sécher que les autres, à
cause des grosses cordes dont il est pourvu et qui
conservent longtemps l'humidité, il faudra prendre
soin de ne le rentrer, pour le replier sur lui-même
et à l'abri surtout des rongeurs, qu'après séchage
complet.

Du Tramail. — Le lavage, le nettoyage et le séchage de ce filet s'opèreront comme pour la senne
mais, lorsque le filet sera tendu au séchage, il fau-

dra souvent le visiter parce que la flue ou nappe intérieure, formera forcément des agglomérations qui ne sècheraient pas convenablement si elles n'étaient, de temps en temps, développées à la main, afin que l'air puisse y pénétrer et y sécher entièrement le fil.

Des poches et filets pour le transport du poisson. — Il suffit, pour nettoyer, laver et faire sécher cette espèce de petit filet, quand on en a enlevé le poisson, de le frotter, à la main, dans l'eau, comme le ferait une lavandière d'un linge quelconque, d'enlever les écailles de poissons ou la graisse visqueuse des anguilles collées au mailles, de le rincer, de le tordre pour en faire sortir le plus d'eau possible et de le suspendre à un clou contre un mur ou à tout autre endroit où il pourra sécher promptement.

De la conservation des filets par le tannage.

Avant d'indiquer le moyen de prolonger la durée des filets par le tannage il est nécessaire de donner quelques renseignements sur les effets que les eaux et les saisons produisent sur le fil.

En général, les filets s'altèrent moins vite dans les eaux limpides que dans les rivières sujettes à des crues fréquentes, où les eaux sont chargées de vase et charient beaucoup de corps étrangers.

Les saisons influent aussi sur la conservation des

filets. Il faut, autant que possible, s'abstenir de mettre des filets neufs à l'eau, pendant les mois de juin, juillet, août et septembre et plus particulièrement pendant les jours caniculaires, parce qu'à ces époques, les eaux déposent, sur les filets, une vase gluante, qu'un bon lavage ne peut jamais complètement détacher, et qui fait pourrir le meilleur fil en une quinzaine de jours ; aussi, pendant ces quatre mois, il ne faut mettre à l'eau, surtout comme filets sédentaires, que des engins parfaitement tannés et ayant au moins trois ou quatre ans de fabrication.

Le moyen, de conserver et faire durer les filets, est de les mettre fréquemment au tan et au moins trois ou quatre fois l'an.

Les pêcheurs ne sont pas d'accord sur le tannage des filets, les uns prétendent qu'il les durcit sans les garantir de la pourriture, d'autres disent que la couleur brune, plus ou moins foncée, que prend le fil au tannage, détourne le poisson du piège qui lui est tendu ; les uns et les autres font erreur.

Pour durcir le fil et le garantir certainement de la pourriture il faut que l'opération du tannage soit bien faite, *à l'eau froide* et non à l'eau chaude, ainsi que cela se pratique dans certaines localités où les pêcheurs font bouillir un ou deux kilogrammes de tan, dans une chaudière, pendant quelques heures et jettent ensuite la solution, encore bouillante, sur les filets placés dans une cuve où ils séjournent pendant 30 ou 40 heures seulement. Ce mode de tannage donne au fil une teinte brune, il est doux au toucher mais il n'est que teint et non tanné.

Pour faire un bon tannage on met dans le fond d'un cuvier, qui ne servira qu'à cet usage, une première couche de tan de chêne de première qualité, de 2 à 3 centimètres d'épaisseur ; on place un lit de filets de 8 à 10 centimètres d'épaisseur, on les recouvre d'une couche de tan, sur laquelle on place un second lit de filets et ainsi de suite jusqu'à ce que le cuvier soit rempli à une dizaine de centimètres environ de ses bords, mais, en finissant toujours le remplissage par une couche de tan. On verse, sur le tout, de l'eau de rivière ou de préférence, si on peut s'en procurer, de l'eau de pluie, jusqu'à ce que *filets et tan* soient bien imbibés et recouverts, pour le moins de cinq ou six centimètres d'eau ; on place ensuite, sur le tan, quatre petites tringles en bois, un peu moins longues que le diamètre du cuvier, superposées deux sur deux et on place dessus une pierre assez lourde pour maintenir les filets et le tan continuellement submergés.

Les filets resteront au tannage, dans le cuvier, pendant trois semaines ou un mois, puis on les retire, on les secoue et on les fait sécher, *sans les rincer à l'eau claire*, comme le font à tort, certains pêcheurs.

Il faut, pendant que les filets sont au tannage, visiter souvent le cuvier, qui les contient, pour veiller à ce qu'ils soient toujours recouverts d'eau et en ajouter au besoin puis aussi, pour s'assurer si l'eau qui les recouvre ne devient pas huileuse, ce dont on se rend compte en plongeant le doigt dans le cuvier et, lorsqu'en le retirant, on s'aperçoit que le liquide est glaireux et file à l'extrémité du doigt comme le ferait un liquide gras, il faut s'empresser de retirer les filets qui, dans ces conditions, seraient menacés de pourrir, les rincer alors à l'eau claire et les remettre au tannage avec du tan nouveau après avoir toutefois lavé et nettoyé le cuvier.

Autant que possible, les filets ne doivent être mis au tan que du mois d'octobre au mois de mai inclus, parce qu'à partir du mois de juin à fin de septembre l'eau de tan, dans laquelle sont placés les filets, devient en dix ou douze jours huileuse et alors, dans de très mauvaises conditions de tannage, puisque les filets seraient menacés de pourrir. Il est utile d'ajouter, qu'en hiver, le cuvier contenant des filets, au tannage, devra être mis à l'abri de la gelée.

Les filets ainsi tannés à froid acquièrent de la dureté et une belle teinte brune, plus ou moins foncée, qui ne les empêche nullement de prendre beaucoup de poissons car ceux-ci ne sont jamais effrayés par ces mailles, de couleur semblable à celle des chevelus de racines et des racines elles-mêmes qui, dans l'eau tapissent les rives et où, gros et petits, aiment à se tenir.

Pour n'être pas exposé à voir pourrir promptement

ses filets, surtout les filets sédentaires, tels que
verveux, louves, vervotins et échiquiers, le pêcheur
devra en posséder plusieurs de la même espèce afin
de pouvoir en changer tous les quinze jours et laisser au repos ceux qui ont besoin d'être visités, réparés et mis au tan.

CONCLUSION

Nous n'avons parlé, dans notre traité théorique et pratique, que des filets de pêche en rivière, ne voulant pas nous occuper de la fabrication des filets employés à la mer, la plupart de ces engins, de très grandes dimensions, tels que les bas et hauts parcs, les chaluts, les dragues, etc., se tissant presque tous aujourd'hui à la mécanique mais, nous dirons, qu'en ce qui concerne une quantité d'autres filets, de dimensions ordinaires, et tous se rapprochant, comme forme, de celles des filets employés en rivière, les pêcheurs du littoral qui voudront consulter notre ouvrage, y trouveront un enseignement précieux sur la fabrication de certains filets particuliers à la pêche en rivière mais qui peuvent être, très utilement aussi, employés à la mer, pour la pêche des poissons de toutes espèces qui fréquentent les côtes, ces filets ne différant, des filets de rivière, que sur le mode de montage qui est d'ailleurs particulier à chaque région où ils sont employés.

FIN.

TABLE DES MATIÈRES

CHAPITRE III

CHAPITRE IV

Laval. — Imp. et Stér. E. JAMIN, rue de la Paix. 41.

ERRATA

Page   26, ligne 5,   *au lieu de :* pret, *lire* près.
« - 78, Total du 2e cylindre,   *au lieu de :*   15,   *lire* 50.
«   83, 11ᵉ cylindre 1⁰   —   *lire* 2.
«   114, 13e cylindre 2o   *après* ce qui donne, *lire* à chaque tour.
«   116, 2e cylindre, Total général, *au lieu de :*   80, *lire* 88.
«   129, 3e cylindre,   *au lieu de :*   3,   *lire* 2.
«   166, 4ᵉ carré,   *au lieu de :* F.G.A.I. *lire* F.G.II.I.
«   169, 7e carré, 1er tour,   *au lieu de :* V.R.S. *lire* U.R.S.
«   170, 2e nappe,   *au lieu de :* 900,   *lire* 950.
«   «   3e nappe,   *au lieu de :* V.T. *lire* U.T.
«   180, 10e ligne,   *au lieu de :* bouts externes, *lire* bouts extrèmes
«   210, 22e ligne,   *après :* nombre de mailles, *lire* de moitié.
«   217, 22e cylindre,   *au lieu de :* du 1er au 22e, *lire* 19e au 22e.
«   250, 3e ligne,   *au lieu de :* 112 *lire* 182.